Staats-

und

völkerrechtliche Abhandlungen.

Begründet

von

Dr. Georg Jellinek und **Dr. Georg Meyer,**

herausgegeben

von

Dr. Georg Jellinek und **Dr. Gerhard Anschütz,**

Professoren der Rechte in Heidelberg.

VI. 2. Das parlamentarische Interpellationsrecht. Rechtsvergleichende und politische Studie von Dr. Hans Ludwig Rosegger.

Leipzig,

Verlag von Duncker & Humblot.

1907.

Das parlamentarische
Interpellationsrecht.

Rechtsvergleichende und politische Studie

von

Dr. Hans Ludwig Rosegger.

Leipzig,
Verlag von Duncker & Humblot.
1907.

Pierersche Hofbuchdruckerei Stephan Geibel & Co. in Altenburg.

Vorwort.

Die Darstellungsart, die dieser Arbeit zugrunde liegt, setzt sich aus zwei Elementen zusammen: aus einem juridischen und einem politischen; eine rein rechtliche, oder eine rein politische Behandlung des Themas wäre weder dem Geiste noch der theoretischen und praktischen Bedeutung des parlamentarischen Interpellationsrechtes gerecht geworden, denn sein Wesen beruht in allen Parlamenten nicht nur auf Rechtsnormen, oder der Interpretation von solchen, und auf Geschäftsordnungsbestimmungen, sondern auch auf teilweise ungeschriebenen Regeln welche die Bedürfnisse der Praxis zeitigten. Die Notwendigkeit, alle diese verschiedenen Quellen zu berücksichtigen, bestimmte die Art der Darstellung.

Die Abhandlung zerfällt in zwei Teile; der erste allgemeine erörtert den Charakter des Interpellationsrechtes, sein Werden, seinen Ausbau und seine zeitlich und örtlich wandelbaren Erscheinungsformen und streift den „Zweck“ der Institution; der zweite besondere Teil bringt das Interpellationsrecht einzelner parlamentarischer Kammern für sich abgeschlossen zur Darstellung.

Die in konstitutionellen Staaten in Kraft stehenden Normen und Gewohnheiten, die sich auf das Interpellationswesen beziehen, fanden nicht durchwegs gleiche Berücksichtigung; die für uns historisch wichtigeren und praktisch bedeutsameren wurden in den Vordergrund gerückt, und überdies war der Arbeit durch das dem Autor zugängliche

Material, wie es Theorie und Praxis liefern, eine gewisse Grenze gezogen.

Ohne daß diese Arbeit daher auf Lückenlosigkeit Anspruch erheben könnte, dürfte sie doch auch anderseits keine wichtige Seite des Stoffes gänzlich vernachlässigt haben.

Aufrichtigen und wärmsten Dank für wertvolle Ratschläge und stets hilfsbereite Unterstützung dieser Arbeit schuldet der Verfasser Herrn Geheimrat Professor Georg Jellinek, und ebenso fühlt er sich verpflichtet, Herrn Professor Franz Hauke und Herrn Dr. Karl Neisser für die liebenswürdige Förderung zu danken, die sie dieser Studie angedeihen ließen.

Dr. H. L. Rosegger.

Heidelberg, im Frühling 1907.

Inhaltsverzeichnis.

A. Allgemeiner Teil.

B. Besonderer Teil.

Abkürzungen.

Abg.H. = Abgeordnetenhaus;

Bericht des Abg.H. = Bericht des Geschäftsordnungsausschusses über die Anträge ... betreffend die Änderung der G.O. des Abg.H.; 1729 der Beilagen zu den stenogr. Protokollen des Abg.H.; XVII. Sess. 1903;

Bericht des H.H. = Bericht der Spezialkommission zur Beratung des Antrages des Fürsten Schönburg, betreffend die Abänderung des Ges. vom 12. Mai 1873, R.G.B. 94, über die G.O. des Reichsrates; 247 der Beilagen zu den stenogr. Protokollen des H.H. XVII. Sess. 1905;

G.O. = Geschäftsordnung;

G. ü. d. R.V. (Gesetz über die Reichsvertretung) = Ges. vom 21. Dezember 1867 R.G.B. 141, wodurch das Grundgesetz über die Reichsvertretung vom 26. Februar 1861 abgeändert wird;

H.H. = Herrenhaus;

I.R. = Interpellationsrecht;

Regierungsvorlage = Regierungsvorlage, wonach das Ges. vom 12. Mai 1873 R.G.B. 94 in betreff der G.O. des R.R. abgeändert werden soll; 2552 der Beilagen zu den stenogr. Protokollen des Abgeordnetenhauses; XVII. Sess. 1906;

R.R. = Reichsrat;

R.T. = Reichstag; daher z. B. D.R.T. = Reichstag des Deutschen Reiches;

T.O. = Tagesordnung.

A. Allgemeiner Teil.

1. Wesen und Zweck des Interpellationsrechts.

Um das Wesen der Begriffe „Interpellation“ und „Interpellationsrecht“ zu durchdringen, um es von dem ähnlich gearteter parlamentarischer Einrichtungen — der Anfragen, Petitionen, Resolutionen — zu scheiden, müssen seine typischen, essentiellen Merkmale hervorgehoben werden.

Allerdings darf die Erledigung einer Vorfrage nicht übergangen werden, von deren Beantwortung es abhängt, ob es überhaupt möglich ist, die in den verschiedenen Kammern in Geltung stehenden Interpellationsrechte einer vergleichenden Darstellung zu unterziehen; diese Vorfrage lautet: Existieren solche erwähnte „typische und essentielle Merkmale“? Hat das Interpellationsrecht in allen den parlamentarischen Kollegien, in denen es in Kraft steht, tatsächlich eine im Kern gleichartige Gestaltung und einen überall vorhandenen Grundstock derselben charakteristischen Eigenschaften?

Es ist ja auch denkbar — auf manchen anderen Gebieten ist ein konformer Vorgang zweifellos zu konstatieren —, daß unter die Begriffe „Interpellation“ und „Interpellationsrecht“ völlig von einander abweichende Institutionen subsumiert werden, denen schließlich nichts als der Name und nur dieser gemeinsam ist.

Dagegen bleibt es für diese Untersuchung gleichgültig, wenn Einrichtungen, die sich auf Grund des noch festzustellenden Wesens der Interpellation als solche charakterisieren, in einschlägigen Gesetzen, in sonstigen Bestimmungen oder im parlamentarischen Jargon mit einem individuellen Namen bezeichnet werden. Es kommt nicht auf die Benennung, sondern auf den Gehalt der Institution an. Gleichfalls ohne Bedeutung wird es sein, wenn in manchen parlamentarischen Kollegien besondere Gruppen von Anfragen mit unter dem Titel „Interpellation“ registriert sind, ohne daß diese Gruppen alle deren typische Merkmale an sich tragen; für eine vergleichende Darstellung ist es irrelevant, ob die Grenzen eines Begriffes bald weiter bald enger gezogen sind.

Tatsächlich gibt es in jedem Parlamente ein besonders qualifiziertes Fragerecht von Mitgliedern der Kammer oder von der Kammermehrheit an einen genau bestimmten Personenkreis [1], dem allgemein markante Eigenschaften inhärieren, so daß es sich namhaft von sogenannten „einfachen Anfragen“ unterscheidet und es nicht nur gerechtfertigt, sondern geradezu ein Gebot der klärenden Notwendigkeit ist, es mit einem eigenen Ausdruck zu versehen.

Trotz der Gemeinsamkeit der Grundelemente, die das Interpellationsrecht bilden, zeigt dieses im übrigen auf der Verschiedenheit der Parlamente basierende Eigenheiten, die es in jedem Kollegium doch noch zu einem Individualgebilde stempeln.

Somit sind die Voraussetzungen für eine vergleichende Untersuchung gegeben: Einheit der Gattung und Spezialität des Individuums [2].

---

[1] Sogar die Constitution ottomane, promulgée le 7. Zilhidjé 1293 (23. Dezember 1876) — ein Verfassungsversuch in der Türkei — statuierte in Art. 37 u. 38 die politische Verantwortlichkeit der Minister und deren Pflicht, der Deputiertenkammer auf gestellte Anfragen Antwort zu erteilen. Annuaire de législation étrangère, 1877, S. 707 ff.

[2] Über die Spezialität des I. R. in den verschiedenen parlamentarischen Kollegien sagt Esmein, Éléments de droit constitutionnel français et comparé; 3. Aufl., S. 813: „. . . le système de questions et des interpellations est un produit de l'histoire et de la pratique et, par suite, chaque Parlement l'a modelé selon son génie et ses besoins.“

Daß dieser allen Interpellationsrechten zugesprochene gemeinsame Charakter auch wirklich vorhanden und nicht nur die Ausgeburt einer theoretisch wuchernden, systemisierungslüsternen Phantasie, die mit Vorliebe kategorisierend und uniformierend im Widerspruch mit der Wirklichkeit arbeitet, ist, läßt sich leicht auch aus der Genesis des Interpellationsverfahrens nachweisen. Sein Typus verdankt zwei Ursachen, die sich teils unterstützten, teils ergänzten, seine Entstehung:

a) der Nachahmung und

b) den gleichen Bedürfnissen.

a) Die Nachahmung.

Wenn man bedenkt, welche ereignisschwere und katastrophenreiche Entwicklung der Ausgestaltung die Staaten auf dem Kontinente durchmachten, wie sie — allen voran das zentralgelegene deutsche Reich — den weiten Schauplatz für blutige Kämpfe und Kriege boten, landfremde wüstende Heere gegen andere landfremde sengende Armeen streiten sahen, während England über ein halbes Jahrtausend im eigenen Stammlande keinen Feind — außer sich selbst — zu bekriegen hatte, wenn man ferner bedenkt, daß dadurch auch das englische Verfassungswesen eine zwar nicht konflikt- und sturmlose, für den Rückblickenden aber immerhin organische Entwicklung hinter sich hat, so kann es nicht wundernehmen, daß seit der Herrschaft des Absolutismus in West- und Mitteleuropa die Blicke aller „liberal" Denkenden, in der Suche nach berühmten Mustern, unwillkürlich über den Kanal schweiften, und die utopistischen Köpfe der Reformer in Überschätzung der Rechtsnormen und deren Einfluß auf die Gestaltung des Tatsächlichen eine Nachahmung englischer Organisationsformen forderten und empfahlen.

England schien und scheint manchem heute noch das Eldorado, das strahlende Vorbild, das man auch verfassungsrechtlich nachahmen müsse.

Und in der Tat: englische Ideen, englische Systeme zogen über den Kanal nach Osten, genau wie sie vorher über das Weltmeer nach Westen gesegelt; sie wurden akzeptiert und imitiert.

Natürlich konnte von einer sklavischen Nachahmung keine Rede sein, denn erstens kannte man das Urbild zu wenig und zweitens bedurfte das Übernommene gewisser durch die Verhältnisse der Rezipienten bedingter Veränderungen, die oft vielleicht in zu geringem Ausmaße, jedenfalls jedoch zu theoretisch-rationalistisch vorgenommen wurden.

Das Frankreich der Revolution schritt mit der Rezeption an der Spitze, der übrige Kontinent, sowie und soweit er konstitutionellen Einflüssen zugänglich, folgte nach und akzeptierte das angelsächsische Vorbild in romanischer Form, die nun jeder Staat für sich abermals, entsprechend seiner Vergangenheit und seiner Gegenwart, ummodelte — und diese Verfassungsurkunden und Verfassungsgesetze, die zumeist unter dem Dröhnen revolutionärer Strömungen geboren wurden, übten aufeinander Wechselwirkungen aus; man kopierte einander.

Es läßt sich im einzelnen gar nicht mehr oder nur in groben Umrissen konstatieren, was in einer Verfassung „urwüchsig" das Produkt eigener sozialer Kräfte ist, und was fremden Organisationen entliehen wurde. Und nicht nur gewichtige Organisations**grundsätze** waren es, die ein Staat von einem anderen Staat, uneingedenk, daß es auch auf dem Rechtsgebiete keine absoluten Werte gibt, annahm, sondern auch Nebenbestimmungen, Geschäftsordnungen [1], unter anderem: Das Interpellationsrecht.

[1] So z. B. hat auch das englische Unterhaus, als es nach der ersten Reformbill an eine Umgestaltung seiner G.O. ging, Informationen über das Verfahren in der französischen Kammer und im Repräsentantenhaus der Union eingeholt. (Redlich, Recht und Technik des Englischen Parlamentarismus, 1905 Seite 106) vergl. bezügl. ähnlicher Vorgänge ferner Plate, die Geschäftsordnung des preußischen Abgeordnetenhauses, 2. Aufl. S. 3; ebenso die „Regierungsvorlage" betreffs Abänderung des G.O.Ges. für den österr. R. R.

Dieses Wandern des Interpellationsrechts von Parlament zu Parlament, das Aufbauen einer Kammer auf den Erfahrungen einer andern Kammer, das Nachahmen fremder Formulierungen sind die eine Ursache für die Wesensgleichheit der Interpellationsrechte in den parlamentarischen Kollegien.

Tiefer und bedeutsamer liegt die zweite Wurzel der Homogenität. Gleiches erzeugt Gleiches — der Satz gilt auch für das Werden sozialer Erscheinungen und das Interpellationsrecht bedingten in den Kammern auch

b) die gleichen Bedürfnisse.

Rezipieren, indem anderswo sich bewährende Einrichtungen übernommen werden, d. h. daß etwas in Form eines Gesetzes oder einer andern Vorschrift als geltende Norm bezeichnet wird, ist ein formaler Vorgang, der von Einfluß auf die Praxis sein kann, aber nicht sein muß. Nur dort, wo die Verhältnisse, die Vorbedingungen derart sind, daß die rezipierten Regeln ihnen entsprechen, da geben diese ihr leeres Papierdasein auf und werden lebendes geübtes Recht, sonst fristen sie in einem Archiv ein Scheindasein ohne Kraft und reale Bedeutung.

Ein derartiges blutleeres Jammerdasein war dem Interpellationsrecht nicht beschieden, im Gegenteil: seine Übung zeigt sogar die unbestrittene Tendenz, die ihm gezogenen Schranken zu durchbrechen, seine Machtsphäre über das Maß und die Grenzen hinaus zu erweitern, die ihm seine Urheber oder Rezipienten zugedacht hatten.

Das hängt innig zusammen mit dem Streben der Parlamente, ihre Kompetenz auszuweiten und besonders die ihnen auf den mannigfachsten Gebieten zustehenden Kontrollbefugnisse auszudehnen. Wer zur Kontrolle berufen, bedarf Informationsmittel; nur wer die besitzt, kann Aufsicht, Kritik üben und Interpellationen sind geeignet, über Regierungsakte authentische Aufklärungen durch die Regierung selbst zu erlangen. Das Informationsbedürfnis, um die Aufgaben des parlamentarischen Wirkungskreises erfüllen zu können, ist die zweite überall fließende Quelle des Interpellationsrechts.

Nachahmung und gleichartige Bedürfnisse zusammenwirkend, einander in Form und Inhalt ergänzend, waren es also, die für jede Kammer ein Interpellationsrecht schufen und sie zeugten Institutionen, die allgemein durch essentielle Merkmale charakterisiert sind, ohne des individuellen Ausbaues für die Anwendung zu entbehren.

Betrachtet man die Interpellationen, wie sie in den Parlamenten gestellt werden und greift das in die Augen Fallende heraus, so kann man sagen: man versteht unter ihnen im parlamentarischen Leben besonderen Formen unterworfene Anfragen einer Kammer an die Regierung, Akte derselben betreffend, die nicht Gegenstand der geführten Verhandlung sind noch damit zusammenhängen müssen. Diese Anfragen und ihre Erledigung genießen eine bevorzugte Behandlung in der Geschäftsführung des Kollegiums.

Bisher wurde der Zweck des Interpellationsrechts nur gestreift.

Alle Institutionen staatlicher und nichtstaatlicher Natur dienen Zwecken; keine ist also zwecklos gedacht und das Zweckstreben des Menschen geht sogar soweit, daß er auch allen natürlichen Erscheinungen eine ihnen innewohnende Zielstrebigkeit imputiert.

Wenn aber auch einerseits anerkannt werden muß, daß kein Ding, keine Organisation, soweit sie sich auf menschlichen Willen ganz oder teilweise zurückführen lassen, einfach geschaffen wurden, um existent zu sein, sondern mit ihnen immer äußere Erfolge angestrebt werden, so fällt doch anderseits die überall konstatierbare Tatsache auf, daß im Laufe der Zeit die Zwecke einer und derselben Einrichtung wechseln, daß dieselben Einrichtungen von den verschiedenen Faktoren, die sich ihrer bedienen, verschiedenen Endzwecken dienstbar gemacht werden.

Nicht einmal das einfachste und primitivste ist, in der Grundbedeutung des Wortes, so „einfältig“, daß es nur zu einem Ende führen könnte.

In diese Wandelbarkeit der Zwecke unserer Institutionen greift die systemisierende nach Vereinheitlichung und Einheit tastende menschliche Ratio ordnend und ändernd ein und sucht für jedes Ding einen spezifischen Zweck zu ergründen, um das Ergebnis dieser rein theoretischen Arbeit als das einzig „richtige“ hinzustellen.

Der Vorgang dieser spekulativen Tätigkeit nimmt seinen Anfang mit Vorliebe bei der Entstehung einer Tatsache, unterläßt es zumeist, zu untersuchen, ob sie bewußt oder unbewußt entstand, nimmt ersteres gewöhnlich kritiklos an, und aus den herausgeklügelten Motiven ihres wirklichen oder vermeintlichen Urhebers wird ihr Zweck abgeleitet. Ganz abgesehen von den Irrtümern über die Ursachen vieler Erscheinungen, können solchen Untersuchungen besonders noch zwei Fehler zu Grunde liegen: erstens wird oft angenommen, der Zweck einer Sache stehe unwandelbar fest und sei aus ihrer Genesis zu erkennen, und zweitens, daß jedes Ding nur einen Zweck habe. Und trotzdem müssen wir mit unserem linearen stets einseitig funktionierenden Denken, um dem Probleme näher zu treten, bewußt in den gleichen Fehler verfallen, indem wir für Einrichtungen, dem Gebote der Praxis folgend, einen Hauptzweck festzustellen trachten und daneben Nebenzwecke anerkennen, ohne uns darüber zu täuschen, damit objektiv allerdings unhaltbare, doch subjektiv zu rechtfertigende Werturteile ausgesprochen zu haben.

Betrachten wir die parlamentarischen Interpellationen und fragen wir nach ihrem *Zweck*, so können wir keine eindeutige Antwort darauf geben, sondern die Beobachtung zeigt uns, daß sie als Mittel zu verschiedenen Zielen benützt werden.

In die Augen springend ist ein Informationszweck; ja auch rein logisch betrachtet scheint es so selbstverständlich, daß mit einer Frage eine aufklärende Antwort gefordert wird.

Tatsächlich ist dem nicht immer so; man braucht nur z. B. einen Blick auf die Interpellationen des öst. Abg.H. im Verlaufe des letzten Jahrzehntes zu werfen, um mit Deutlichkeit wahrzunehmen, daß diese vielfach keine Informationen anstreben, sondern ohne ernstlich auf eine Äußerung des Interpellierten zu reflektieren, obstruktionistische Zwecke verfolgen. Anderseits gibt es wieder Interpellationen, die man als „bestellte“ bezeichnen kann; Minister wünschen es, sich in einer Kammer über bestimmte Angelegenheiten zu äußern und Anlaß dazu sollen Fragen aus der Mitte des Hauses selbst geben. Der Bericht ist in erster Linie vielleicht nicht einmal für die Kammer, noch für die breite Öffentlichkeit bestimmt, sondern an gewisse Kreise gerichtet, ein Programm, eine Mahnung enthaltend. Interpellationsbeantwortungen über auswärtige Angelegenheiten tragen nicht selten die Adresse an das Ausland, ihr Charakter ist ein diplomatischer.[1]

Bei dem heutigen Stande des Interpellationswesens wird man weder die Unterstützung eines ministeriellen Äußerungsbedürfnisses noch viel weniger aber die Verschleppung der parlamentarischen Arbeit praktisch als dessen Hauptzweck bezeichnen, obschon nicht geleugnet werden kann, daß im gegebenen Falle das eine oder das andere allein angestrebt wurde.

Wir beschränken uns zuvörderst darauf, Interpellationen als ein wichtiges parlamentarisches Informationsmittel zu betrachten.

Aus den einfachen Anfragen erwachsen, haben sie mit diesen den Typus der Frage gemeinsam; solche einfache Anfragen werden im Laufe einer Verhandlung gestellt, nehmen Bezug auf den gerade vorliegenden Gegenstand der T.O. und sind — Seydel nennt sie ein natürliches Recht

---

[1] S. auch Redlich a. a. O., S. 513.

eines Parlamentes — der selbstverständliche Ausfluß gemeinsamer Beratungen, um sich über die Ansichten anderer, nicht nur etwa der Regierung zu orientieren.

Unbeschadet der staatsrechtlichen Auffassung der Volksvertretungen als Organe des Staates, in dessen Interesse sie Aufgaben im zugewiesenen Wirkungskreise zu erfüllen haben, stehen sie der Regierung wirtschaftlich doch immer als Gegenpartei gegenüber und Adolf Wagner[1] bezeichnet die Regierung bei der Budgetfeststellung als Partei des Angebotes, das Parlament als die der Nachfrage. Dieses Verhältnis, das im ständischen Staate zu direktem Handel um materielle und immaterielle Werte zwischen Staat und Ständen führte, ist auch heute trotz mancherlei geänderter Auffassungen und Formen tatsächlich noch nicht geschwunden. Bemerkenswert ist diesbezüglich ein im englischen Unterhause[2] bis 1857 geübter Usus, wonach, wenn in den Ausschüssen in Fragen der Geldbewilligung insofern ein Streit herrschte, als es sich um eine größere oder kleinere Summe handelte, zuerst über die Gewährung der kleineren Summe abgestimmt wurde, und man den Zweck dieser Regel damit erklärte, dem Volke die Lasten so leicht als möglich zu machen. Auf das Staatsinteresse scheint weniger Rücksicht genommen worden zu sein.

Überall, wo es sich um Verlangende und Gewährende handelt, sind Aussprachen, Debatten, Anfragen und Antworten ein natürliches Requisit der Verhandlungen und der Verständigung; parlamentarische Kollegien nehmen für sich hierin keine Ausnahme in Anspruch; die Aufgaben ihres Wirkungskreises machen sie auch für einschlägige Anfragen kompetent. Diese Kompetenz bedarf weder einer Bestätigung durch ein Gesetz noch durch die Geschäftsordnung, eben-

[1] Finanzwissenschaft, 3. Aufl. 1883, I., S. 70.

[2] May, das englische Parlament und sein Verfahren; aus der 4. Auflage des Originals übersetzt und bearbeitet von Oppenheim 1860; S. 477.

sowenig wie z. B. die Befugniß zu debattieren[1]. Anfragen im Laufe einer Verhandlung kamen und kommen überall vor und unterliegen zumeist keiner besonderen Formvorschrift[2]. Eine Äußerungspflicht des Befragten korrespondiert nicht mit ihnen. Eine solche existiert nur dort, wo die Anfragebefugnis ausdrücklich Anerkennung in der G.O. fand; so ist es zum Beispiel gemäß § 67 G.O. des öst. Abgh. jedem Abgeordneten gestattet, „Anfragen", die hier nicht gerade glücklich auch als „Interpellationen" bezeichnet werden, an den Präsidenten des Hauses und an die Vorsitzenden der Abteilungen und Ausschüsse zu richten[3]. Die normative Anerkennung eines formlosen „Fragerechts" ist gleichbedeutend mit der Begründung einer Äußerungspflicht für den Befragten.

Verschieden davon sind Anfragen zu behandeln, die an die Regierung gerichtet sind und auf Angelegenheiten Bezug nehmen, deren Behandlung augenblicklich nicht Gegenstand einer parlamentarischen Durcharbeitung ist. Es liegt an und für sich weder im allgemeinen noch im Interesse der Regierung oder des Parlamentes, es jedem Mitgliede des Hauses anheimzugeben, vom Verhandlungsthema abirrende Fragen an die Minister zu richten. Ohne Beschränkung auf den Verhandlungsgegenstand ist keine geordnete Geschäftsführung möglich und überall ist dafür gesorgt, daß überflüssige Abschweifungen vermieden werden[4].

Allmählich und nicht ohne Widerstreit wurde dem

---

[1] Allerdings werden zu verschiedenen Zeiten solche „Befugnisse" bezgl. ihrer Tragweite recht abweichend interpretiert; 1593 faßte der Kanzler die „Redefreiheit" des englischen Unterhauses als Privileg „ja" oder „nein" zu sagen auf (Redlich a. a. O. S. 54).

[2] Ausnahmen kommen vor. Vgl. u. a. Brusa, Das Staatsrecht des Königreichs Italien, 1892, S. 166 f.

[3] Bezügl. ähnlicher Anfragen in England vgl. Th. E. May, Parliamentary Practice, 11. Ed. 1906, S. 247 ff.

[4] Vgl. G.O. D.R.T. § 46; Preuß. Abgh. § 48; Öst. Abgh. § 56; S. auch May, a. a. O. 11. Ed. S. 324.

englischen Parlamente die Kompetenz zuerkannt, Minister auch über Angelegenheiten zu interpellieren, die mit den Materien der Verhandlung keinen Zusammenhang aufwiesen. Der erste Ansatz zu einem solchen der Kontrolle dienenden außerordentlichen Informationsmittel war in dem Augenblicke gegeben, als das Parlament sich für kompetent ansah, darüber zu wachen, daß die von ihm bewilligten Gelder auch für den von ihm anerkannten Zweck benutzt wurden. Unter Richard II (1377—1399) drang das Parlament mit seinem Anspruch, Kenntnis von der Verwendung bewilligter Gelder nehmen zu können, durch, doch fand die Forderung noch nicht prinzipielle Anerkennung[1]. In der Folgezeit wurde das System der Spezialität des Budgets mehr und mehr anerkannt, so daß es heute als sine qua non eines geordneten Staatshaushaltes erscheint. Um aber festzustellen, ob die Regierung die bewilligten Summen im Sinne des Parlaments verwende, mußte die Möglichkeit gegeben werden, sie zu kontrollieren. An die Seite einer Geldmanipulationskontrolle trat allmählich die zu einem Rechte sich verdichtende Übung, auch über die gesetzliche Zulässigkeit und praktische Zweckmäßigkeit der Staatsverwaltung überhaupt zu wachen. Ein hervorragendes Mittel dazu konnte durch direkte Anfragen an die Regierung über ihre Akte geschaffen werden, und zwar auch durch Anfragen, die nicht auf einem inneren Zusammenhang mit den Geschäften der Tagesordnung fußen, sondern nach Bedarf unabhängig und getrennt von diesen gestellt werden können[2].

---

[1] Gneist, das englische Parlament in tausendjährigen Wandlungen, 2. Aufl., S. 157.

[2] Die „T.O." als Arbeitspensum des Hauses mit dem Verbot der Vermischung von Debatten verschiedener Gegenstände entstand im englischen Parlament am Anfang des 17. Jahrhunderts, wodurch Berechtigungen, in einzelnen Fällen von ihr abzuweichen, erst die rechte Bedeutung bekamen, aber in der Folgezeit gibt es wieder Epochen, die streng geregelte Tages- und Arbeitsordnungen nicht kennen (Redlich a. a. O., S. 65; 84 f.).

Daß das englische Parlament erst im Jahre 1721 eine offiziös beglaubigte Interpellation im Oberhause aufweist und selbst heute noch kein streng akzentuiertes Interpellationsrecht besitzt, hat seinen Grund auch in den sonst ihm zu Gebote stehenden Informations- und Kontrollbehelfen, wie sie auf dem Kontinente in gleich wirksamer Weise nicht zur Ausbildung gelangten. Durch die Schaffung mittelalterlicher Schatzkollegien und später der modernen Rechnungshöfe sind eigene Instanzen in die staatliche Organisation eingetreten, deren Aufgabe die Kontrolle der Ausgaben war, bzw. ist; seitdem fällt den parlamentarischen Kollegien bezüglich der übrigen Verwaltungstätigkeit zu, zu untersuchen — nicht nur ob diese sich gesetzmäßig, sondern auch, ob sie sich zweckentsprechend abwickelt.

Die direkte parlamentarische Kontrolle hat somit ihren Wirkungskreis allmählich verschoben. Antworten der Regierung auf Anfragen über von ihr vollzogene Akte bieten nun allerdings nicht das einzige Material, welches die Kontrolle unterstützt, denn daneben stehen den Kammern und ihren Mitgliedern noch zahlreiche andere Informationshilfen zu gebote; man denke nur an die Presse, an Enqueten, an private Erkundigungen und dergl., aber fast überall wird die direkte Zuredestellung der Minister am kürzesten und klarsten zum Ziele führen und es entbehrt nicht eines gewissen Interesses, zu sehen, wie hoch von manchen das Interpellationsrecht eingeschätzt wird. In Zola's Roman „Das Geld“ [1] findet sich z. B. folgende Stelle: „Großen Eindruck hatte eine Reihe von Aufsätzen in betreff des Dekretes vom 19. Januar 1867 gemacht, welches die übliche Adresse an den Kaiser durch das Recht der Interpellation ersetzte — eine neue Konzession des der Freiheit zuschreitenden Kaisers.“ — Das englische Parlament mit seiner Zuständigkeit, Zeugen — unter Umständen sogar beeidete Zeugen — vor die Schranken eines jeden Hauses

[1] Deutsche Verlagsanstalt 1891, II. Band, S. 46.

zu rufen[1] oder sich auch von Behörden Urkunden direkt vorlegen zu lassen[2], ist, ganz abgesehen von der besonders intimen Stellung, die das Ministerium zur Majorität einnimmt, bei weitem weniger bemüßigt, zu interpellieren als die kontinentalen Kammern, deren offizieller Verkehr nach außen zumeist auf ein gewisses Minimum beschränkt ist[3]. Aber weder das englische Parlament[4] mit seinem relativ spät entwickelten Interpellationsrechte noch der auf diesem Gebiete staatsrechtlich schneller vorgeschrittene Kontinent konnten es ohne weiteres, wie sie es bei einfachen Anfragen tun, dem Einzelnen überlassen, durch Interpellationen, deren Gegenstand nicht der Verhandlungsgegenstand ist, den geordneten Lauf der Geschäftsführung, der regelmäßigen Arbeit, zu unterbrechen und damit zu verzögern. Deshalb ist überall die Zulässigkeit von Interpellationen an die Einhaltung genau fixierter Formvorschriften gebunden, die bald in höherem bald in geringerem Maße die Eignung besitzen, ohne die Kontrolle der Regierungsakte überhaupt zu verhindern, doch den geordneten Arbeitsgang eines Hauses zu gewährleisten.

Und dieser Kontrollecharakter der Interpellationen überwiegt an Bedeutung derart alle anderen von einzelnen oder Fraktionen angestrebte Zwecke, daß die Kontrolle als Zweck einer Interpellation Katexochen aufgefaßt werden kann, dem erst an zweiter Stelle das einfache Begehren nach Information an die Seite tritt[5].

Auch der gewöhnliche Sprachgebrauch verleiht schon dem Worte „interpellieren" den bedeutungsvollen Beigeschmack einer kritischen Tätigkeit, ja vielleicht sogar eine Nuance

---

[1] Heute werden Zeugen nur mehr durch Komitees vernommen. Redlich a. a. O., S. 456 f.

[2] Redlich a. a. O., S. 293 f.

[3] G.O. Ges. § 8 d. öst. R.R. (§ 30 G.O. d. öst. Abgh.).

[4] Redlich a. a. O., S. 235 f., Anm. 2: Während des südafrikanischen Krieges wurden im Jahre 1901 aber dennoch 7180 Interpellationen eingebracht und beantwortet! Die Bedeutung und das Ausmaß des englischen Interpellationsrechts wird häufig unterschätzt.

[5] Vergl. S. Low, The governance of England, 2. Aufl. S. 98 f.

von Mißtrauen und Unwillen über das Nichtverständigtsein in einer Angelegenheit oder über die Angelegenheit selbst. Und dieser Unterton klingt auch in den Ruf vieler parlamentarischer Interpellationen und nur dieser rechtfertigt es, wenn letztere im deutschen Reichstag[1] als „schweres Geschütz“ bezeichnet wurden, eine Benennung, die, falls Interpellationen zuvörderst dem Stillen eines anerkennenswerten Wissensdurstes allein dienen würden, gerade nicht sonderlich glücklich gewählt wäre.

In Kammern, wo die gesamte Geschäftsführung verwahrlost, verlieren auch die verschiedenen Einrichtungen ihren eigentlichen Charakter; Interpellationen beginnen außerparlamentarische Ziele zu verfolgen, ihre große Zahl und der Inhalt zeigen, daß ernstlich auf eine Erledigung nicht reflektiert wird und mit der Einbringung der gewünschte Erfolg schon erzielt ist, nämlich Zeitgewinnung oder Zeitverschwendung, Immunisierung der dem objektiven Verfahren zum Opfer gefallenen Drucksachen oder lokalpatriotischer Wählerfang. Andere parlamentarische Kollegien dagegen, die konsequent daran arbeiten, die Grundvesten ihres Bestandes zu verstärken, ihren Einfluß auf die Gestaltung des Staatswillens zu heben oder ihren Wirkungskreis zu erweitern, erblicken in den Interpellationen ein mächtiges Kontrollmittel, dessen Abschwächung durch übertriebene Anwendung vermieden werden muß. Auch Staaten mit parlamentarischem Regime betrachten das Interpellationsrecht mit großer Wertschätzung, obschon die Mehrheit den Ministern politisch verwandt und daher durch die Bande des Vertrauens mit ihnen verbunden ist; natürlich legt hier ebenfalls die Minderheit mit ihrem immanenten oppositionellen Mißtrauen auf die Kontrollbefugnisse den entschiedensten Wert[2].

---

[1] Session 90/92 Stzg. 135. Stenogr. Prot. 3254 C.

[2] Vergl. Redlich a. a. O. S. 236, wo eine diesbezügl. Äußerung des 1902 in der Opposition stehenden Campbell-Bannermann angeführt ist; (ferner S. 513.) aber die Regierung hat eine solche Macht

Aus dem hier gekennzeichneten Kontrollzwecke der Interpellationen geht theoretisch die Scheidung zwischen ihnen und den Anfragen, den Petitionen und Resolutionen klar hervor.

Anfragen entbehren des kritischen Charakters; Petitionen sind Bitten oder Beschwerden des Parlamentes oder an das Parlament, die von diesem an die Regierung allenfalls weitergeleitet werden[1]; Resolutionen stellen sich entweder als Beschlüsse dar, welche die Regierung beeinflussen sollen, oder sind das Resultat von Beratungen in Beschlußform. In der Praxis fließen die Zwecke mancher dieser Einrichtungen hie und da vielleicht ineinander, zum mindesten aber bleiben ihnen die verschiedenen äußeren Formen als trennendes formales Kennzeichen inhärent.

2. Gegenstand der Interpellationen.

Die Betrachtung des Wesens und des Zweckes des Interpellationsrechtes berührte schon mehrmals das Problem des Interpellationsinhaltes; aber es restiert noch eine spezielle Untersuchung, welche Fakten, Tatbestände, Aktionen und Verhältnisse, Anfragen zugrunde gelegt werden können, so daß diese als gesetzmäßige Interpellationen erscheinen.

Eine Umgrenzung des Gebietes, worüber die Regierung interpelliert werden kann, ist nicht nur für jene Parlamente wichtig, deren Vorsitzender, oder deren Plenum jene Interpellationen zurückzuweisen vermag, die den gestellten Anforderungen nicht entsprechen, sondern eine Umgrenzung ist für jede Kammer von großem Werte, da Anfragen zu denen sie oder ihre Mitglieder als nicht kompetent angesehen werden, unbedingt vom Interpellierten ad acta gelegt werden dürfen, da sie als gesetzwidrig gelten müssen.

---

erhalten, daß sie sogar die ihr der Gesinnung nach nahestehende Majorität beherrscht, wodurch auch diese gezwungen ist, an ihren Kontrollmitteln strikte festzuhalten.

[1] Das das Interpellationsrecht vielfach berührende Petitions- und Beschwerderecht ist als Gegenstand für eine weitere Arbeit in Aussicht genommen.

Jene Verfassungen, die das Interpellationsrecht selbst nicht erwähnen, enthalten erklärlicher Weise auch keine Bestimmungen über dessen Grundlagen[1]; manche enthalten Normen über beides, Normen, die aber einer gründlichen Interpretation bedürfen. Für das österreichische Parlament sagt § 21 G. ü. d. R.-V.; „Jedes der beiden Häuser des Reichsrates ist berechtigt, die Minister zu interpellieren, in allem, was sein Wirkungskreis[2] erfordert, die Verwaltungsakte der Regierung der Prüfung zu unterziehen . . ." Dem Sinne nach muß der Ausdruck „in allem was sein Wirkungskreis erfordert" nicht allein auf den Folgesatz bezogen werden, sondern auch auf den einleitenden, denn Interpellationen sind eben eins von den Mitteln, welche die Prüfung von Regierungsakten ermöglichen. Damit scheint der Gegenstand der Interpellation fest umrissen: er muß in den Wirkungskreis der interpellierenden Kammer fallen; doch türmen sich da neuerlich Schwierigkeiten auf — der „Wirkungskreis" eines Hauses ist in der Praxis nie so klar, wie Gesetz und zuweilen auch Theorie anzunehmen pflegen. Ferner zeigt das Interpellationsrecht die sichtbare Tendenz, auf den buchstäblich festgesetzten Wirkungskreis eines parlamentarischen Kollegiums ausweitend zu wirken, dessen Zuständigkeit auszudehnen[3].

Die Verfassungen von Hamburg (Art. 65), Lübeck (Art. 45) und Oldenburg (Art. 128 § 2) lassen Interpellationen in „Staats-Angelegenheiten" zu.

Werfen wir einen Blick auf die Litteratur, so fällt es auf, daß sie zwar in der Behandlung des Interpellationsrechts recht stiefmütterlich zu Werke geht, dafür jedoch

---

[1] Geschäftsordnungsgesetze und selbständige Geschäftsordnungen berühren den Punkt nicht.

[2] Daß der Gegenstand der Interpellation in den Wirkungskreis der Kammer zu fallen hat, sagt ausdrücklich auch § 56 des Landesgrundgesetzes für Schwarzburg-Sondershausen.

[3] Bezügl. des „Wirkungskreises" vergl. u. a. Hauke, Grundriß des Verfassungsrechtes, S. 53 ff; ferner Ulbrich im österr. Staatswörterbuch von Mischler-Ulbrich II. Band 2. Hälfte 1897, S. 920 ff.

umso großmütiger den Kreis um die Gegenstände zieht, welche Interpellationen zugrunde gelegt werden können. Ulbrich erklärt die gesamte Regierungstätigkeit als Gegenstand der Kontrolle, somit als Gegenstand von Interpellationen; Eyschen[1] und Torres Campos[2] lassen die von ihnen charakterisierten Kammern über alle Angelegenheiten von „öffentlichem Interesse“ interpellieren. Der Begriff, „öffentliches Interesse“ ist ziemlich vieldeutig; man kann sich vorstellen, daß gewiß äußerst sonderbare Dinge — nehmen wir z. B. die „Verkündigung“ eines erdzerstörenden Kometen an — breite Schichten der Bevölkerung zu „interessieren“ im Stande sind; dieses Interesse an oben angeführten Kometen, ist sogar nicht einmal ein privates, und doch dürfte es kaum die Eignung haben, in einer Interpellation an die Regierung Ausdruck zu finden, es müßte denn sein, etwa in der Form: „Welche Maßregeln gedenkt der Herr Minister gegen allfällige Ruhestörungen oder Paniken zu ergreifen, die sich aus Anlaß der Furcht vor dem Kometen ereignen könnten . . . .?“ So kann bis zu einem gewissen Grade allerdings jede Tatsache zu gerechtfertigten Interpellationen Anlaß geben, aber nicht nur deshalb, weil sie das „öffentliche Interesse“ in Anspruch nimmt, sondern weil sie auch eine rechtlich relevante Seite aufweist.

Redlich[3] spricht dem englischen Unterhause die Kompetenz zu, die Regierung über die innere und äußere Politik, über die Landes-, Reichs-, und Kolonialverwaltung, über ihre Absichten und Pläne zu interpellieren, woraus hervorgeht, daß das Interpellations-Material im Unterhause seit dem Jahre 1859[4] eine beträchtliche Erweiterung erfahren hat, ohne daß ein förmliches Gesetz dies dekretierte.

Von der französischen Deputiertenkammer und dem

---

[1] Eyschen, das Staatsrecht des Großherzogtums Luxemburg, 1890 S. 97.

[2] Torres Campos, das Staatsrecht des Königreichs Spanien, 1889 S. 37.

[3] Redlich a. a. O. S. 513. S. auch May, a. a. O., 11. Ed. S. 248.

[4] Vergl. May-Oppenheim a. a. O. S. 268.

Senate sagt Pierre[1], daß alle Interpellationen, welche keinen unkonstitutionellen Charakter tragen, zulässig seien und behandelt an verschiedenen Einzelfällen in Bezug darauf das Problem der Verfassungsmäßigkeit und Verfassungswidrigkeit. Zorn[2] stellt fest, daß der deutsche Reichstag seine kontrollierende Tätigkeit auf alle und jede Sphäre des öffentlichen Lebens erstrecken könne und Laband[3] nimmt an, daß „keine Aufgabe, welche das Reich als der souveräne deutsche Staat zu erfüllen hat, kein Gebiet des nationalen Gesamtlebens, auf welche die Fürsorge des Reichs sich erstreckt“ von „der Teilnahme und Mitwirkung des Reichstages ausgenommen“ sei.

Die wenigen hier skizzierten Ansichten in der Litteratur können leicht zum Glauben verleiten, die Gegenstände der Interpellationen ließen sich überhaupt gar nicht allgemein für alle Parlamente bestimmen, sondern sie müßten für jedes einzelne speziell auf Grund der Verfassung herausgearbeitet werden; das entspricht jedoch nicht ganz den Tatsachen: es ist möglich, prinzipiell jene Gebiete zu charakterisieren, die Interpellationen behandeln können, aber zugleich muß für die einzelnen Kammern darauf hingewiesen werden, daß besondere Gesetze besondere Schranken ziehen können. Die Grenze zwischen verfassungsmäßigen und verfassungswidrigen Anfragen läßt sich allerdings nicht streng und dezidiert feststellen; sie ist wandelbar, von den Ansichten der politischen Strömungen und von der Interpretation der Gesetze durch die verschiedenen Staatsorgane abhängig; gleichwohl liegt jenseits aller Wandelbarkeit ein fester konstanter Kern, auf dem die Interpellationen fußen.

Um den gesetzlich zulässigen Inhalt der Interpellationen zu erkennen, muß von dem Wirkungskreis der parlamentarischen Kollegien ausgegangen werden: Diese sind durch-

---

[1] Traité de droit politique électoral et parlamentaire par Eugène Pierre 2e éd. 1902 S. 793.

[2] Zorn, Das Staatsrecht des Deutschen Reiches, 2. Aufl. 1895, I. S. 241.

[3] Laband, Das Staatsrecht des Deutschen Reiches, 4. Aufl. I. S. 275.

wegs für Akte der Gesetzgebung, Verwaltung und Kontrolle zuständig, doch ist der Umfang dieser Kompetenz verschieden ausgebreitet; es ist auch kein Gebiet, auf dem sich der Staat betätigt, prinzipiell dem direkten oder indirekten Einflusse eines Hauses vollständig entzogen, aber ihm auch kaum eines ausschließlich vorbehalten.

Wenn nun aber auch im Laufe der modernen Entwicklung die gesetzgebende und verwaltende Tätigkeit der Parlamente gesetzlich kaum eine Änderung nennenswerter Art erfahren haben dürften, so nahm doch die Praxis eine tatsächliche Beschränkung der parlamentarischen Arbeiten insofern vor, als sie wohl ziemlich überall den Willen der Regierung gegenüber den Parlamenten stärkte und dieser „Wille" die Tendenz hat, bei der Bildung des „Staatswillens" ein maßgebenderer Faktor zu werden, als der Buchstabe der Verfassung dies vorzuzeichnen glaubte und es vermuten ließe. Vor allem ist es das Plenum der parlamentarischen Kollegien, dessen Bedeutung in Rückbildung begriffen ist, während die Ausschüsse und Kommissionen mehr und positive Arbeit leisten, doch auch sie unter der Führung der Regierung. Symptomatisch dafür ist die Schaffung der neuen Zivilprozessordnung in Österreich und das Anwachsen des Regierungseinflusses auf das Budgetrecht in England. Diesem Zurückdrängen der parlamentarischen Betätigung — eine Betätigung, die manche Enthusiasten oft als „souveräne" bezeichneten, — folgte jedoch anderseits eine Korrektur zu Gunsten des Parlamentes: diese ist durch die allmähliche Ausweitung der Kontrollrechte gegeben.

Die Staatsmaschine wird immer komplizierter, die Leitung und Förderung der ganzen staatlichen Organisation erfordern gebieterisch größere und größere Sachkenntnis und Konzentration der an ihr beteiligten Faktoren in Bezug auf die inner- und außer-politischen, sozialen, ökonomischen und technischen Fragen, die als Ergebnis der rasenden kulturellen Evolution wie Pilze aus dem Boden schießen und anwachsen. Die vielköpfige Versammlung eines meist ziemlich wahllos zusammengesetzten Parlamentes kann in ihrer Gänze höchstens koursbestimmend und anregend, nicht aber positiv arbeitend wirken. Die dem Parlamente zustehende Initiative zur Schaffung materieller und immaterieller Mittel, die ausersehen sind, staatliche und soziale Bedürfnisse zu befriedigen, schrumpft in praxi mehr und mehr zusammen und konsequenter Weise nimmt die Initiative der Regierung dadurch unaufhaltsam zu. Die Regierung, ein Fachkollegium, beschäftigt sich berufsmäßig, gestützt auf einen großzügigen Apparat von Beamten, Informations- und Instruktions-Mitteln mit den Aufgaben, die dem Staate gestellt werden. Die Spezialisierung aller Probleme und das lawinengleiche Anwachsen der gesetzlich in den Wirkungskreis der Parlamente fallenden Geschäfte machen diese zur Bearbeitung von Fachfragen, überhaupt für jede eingehende Arbeit von Tag zu Tag ungeeigneter.

Gemahnend an die alten ständischen Versammlungen beginnen die „zweiten Kammern" die Interessenwahrung der von ihnen Vertretenen in den Vordergrund ihrer Tätigkeit zu stellen und der Regierung die Sorge für die „Staatswohlfahrt" zu überlassen. Die „ersten Kammern" hingegen wirken als retardierendes Moment auf die Aktionen jener Staatsorgane ein, die wenig konservativ oder direkt radikal Änderungen in der staatlichen Organisation inaugurieren.

Mit diesen Ausführungen wurde der historischen Entwicklung entschieden vorgegriffen; keineswegs in allen Staaten, kaum in einem einzigen ist der politisch parlamentarische Zustand ausgesprochen ein solcher, daß die Regierungen gegenüber den Parlamenten entschieden in den Vordergrund geschoben werden. Gewiß ist zum mindesten noch überall ein starker täuschender Schein gewahrt, und nur die Litteratur berührt hie und da das hier Gesagte, wenn sie z. B. erklärt, daß das englische Kabinett de facto ein Ausschuss des Parlamentes sei, der für dieses fast unbedingt den Ton angiebt; sicher sind in allen modernen Staaten Ansätze zur wachsenden Macht der Regierung vorhanden, die als positiv schaffendes Organ an Bedeutung gewinnt; hingegen wachen die Kammern über die Gesetzmäßigkeit der Regierungshandlungen — die parlamentarische Kontrolle und die durch die breite Öffentlichkeit nimmt an Ausdehnung zu. Diese Kontrolle erstreckt sich auf den ganzen, sowohl dem parlamentarischen Kollegium, als der Verwaltung zugewiesenen Wirkungskreis und da die in den der ersteren fallenden Aufgaben tatsächlich mehr und mehr von der Regierung geleitet werden und die Parlamente durch das Budgetrecht nur mehr oder minder beschränkend und richtunggebend agieren, so lenken sie ihr Augenmerk zuvörderst auf die Beaufsichtigung und Kritik. Darin liegt auch eine Hauptursache für den stets wachsenden Wert des Interpellationsrechts. Wenn die volksvertretenden Staatsorgane ihre Kontrolle langsam und tastend auch auf jene Gebiete, die vielleicht nur lose und nicht unbestritten mit ihrem Wirkungskreis zusammenhängen, auszudehnen suchen, so nehmen sie sich gewissermaßen eine Kompensation für die Verluste, welche ihr Einfluß als schöpferischer Faktor im staatlichen Organismus erfuhr. Und da ist es das Interpellationsrecht mit seinen Anfragen, das Materien berührt, für deren Beurteilung und Behandlung die Kammern nach dem Buchstaben des Gesetzes nicht fraglos kompetent sind und Interpellationen sind es, die aufklärungsbedürftige Akte und Ereignisse durch Aufdeckung und Besprechung im Parlamente der öffentlichen Aufmerksamkeit zuführen, was um so bedeutungsvoller ist, da die sogenannte „öffentliche Meinung“ sogar mit Umgehung der repräsentativen Institutionen eine auf die Regierung unmittelbar und konstant einwirkende politische Macht zu werden beginnt, in einer Form, der die Verfassung keine gefestigte Grundlage bietet[1].

---

[1] S. Jellinek, Verfassungsänderung und Verfassungswandlung, 1906, S. 71 ff.

Ein unmittelbarer rechtlicher Einfluß des Volkes auf die Regierung ist in „unmittelbaren Demokratien“ gegeben; wo dieses Verfassungssystem nicht herrscht, bleibt nur das Wahlrecht zur repräsentativen Kammer und das schwächliche Petitionsrecht; der oben erwähnte constant wirkende

Zwei Hauptrichtungen fallen besonders auf, nach denen die Vorstöße der Parlamente, zumal in monarchisch regierten Staaten mit ihren Prärogativen der Krone, verlaufen: die militärische und die diplomatische. Zumeist ermangelt es auch für die Praxis der nötigen scharfen Grenzlinie, die zwischen den Machtsphären der Regierungstätigkeit einerseits und der parlamentarischen Machtsphäre anderseits gezogen ist, und die Repräsentationsinstitutionen des Volkes streben konsequent nach Erweiterung ihrer Aufsichtskompetenz. Den Ausgangspunkt des Weitergreifens bieten ihnen die Befugnisse, Geldmittel für den Staatshaushalt zu gewähren oder zu versagen; der Zweck des Übergreifens ist, das Gebiet der Kontrolle zu erweitern; die Mittel dazu liefern vielfach die Interpellationen an die Regierung über kompetenzstrittige Angelegenheiten, wodurch die Zuständigkeit der Kammern zu solchen Einflußnahmen behauptet und dokumentiert werden soll.

Nochmals muß erklärt werden, daß, um so recht klar und deutlich die Hauptursachen für die Erweiterung der kontrollierenden Tätigkeit eines Parlaments zu veranschaulichen, das Zurückdrängen selbständiger positiver Arbeit desselben und das damit verbundene Vordringen der Regierung auf diesem Gebiete dezidierter dargestellt wurden, als die Tatsachen des parlamentarischen Lebens es gestatten, aber dem objektiven Beobachter werden die zu einer solchen Wandlung vorhandenen Tendenzen kaum entgehen [1].

Der Wirkungskreis der Parlamente wird allmählich sachlich tatsächlich erweitert, zuvörderst ihre Zuständigkeit zu Kontrollakten ausgedehnt, zugleich aber ist die Intensität ihrer Anteilnahme an den Arbeiten, für deren

---

Einfluß der politisch agierenden „Volksmacht" ist streng zu scheiden von revolutionären Vorstößen, denen zwar die Unmittelbarkeit der Wirkung, doch auch Unstetigkeit und Rechtswidrigkeit zukommen.

[1] Vergl. Jellinek, Verfassungsänderung und Verfassungswandlung, S. 46 ff.; 71 ff.

Vornahme sie kompetent sind, in Abnahme begriffen[1].

Ob die Zukunft ein Weiterschreiten, Stagnieren oder sogar ein Zurückgehen dieses Prozesses, der nicht überall gleichmäßig vor sich ging, bringen wird, läßt sich kaum sagen; man wird annehmen dürfen, daß eine Rückbildung aller Wahrscheinlichkeit nach nicht zu erwarten steht, doch keineswegs als ausgeschlossen gelten darf.

Kehren wir zurück zu der mit diesem Problem in Zusammenhang stehenden Frage nach dem Gegenstande der Interpellationen, so ist rebus sic stantibus zu konstatieren: alle jene Sphären des öffentlichen Lebens, auf die der Wirkungskreis einer Kammer Bezug nimmt[2], und soweit sie auch nicht dem Einflusse der Regierung entzogen sind, können den Stoff für qualifizierte Anfragen an letztere abgeben. Dieser Wirkungskreis ist jedoch nicht der in der geschriebenen Verfassung generell, taxativ oder exemplikativ bezeichnete und von der Theorie abstrakt interpretierte, sondern der im Verlaufe der parlamentarischen Tätigkeit durch die Praxis sich bildende gewohnheitlich gefestigte[3].

Da die kontinentalen Kulturstaaten eine ihrem Wohlfahrtssysteme entsprechende Vielseitigkeit besitzen, die bald als polizeiliche Bevormundung bekämpft, bald als humane

---

[1] Die hier angedeutete in den parlamentarischen Kollegien wahrnehmbare Tendenz ist eine, die in erster Linie den Zentralparlamenten zukommt, zu welchen hier allerdings auch der österr. R.R. einschließlich seiner Delegation gerechnet wird. Den Kammern der Gliedstaaten eines Bundesstaates, den Landtagen der im R.R. vertretenen Königreiche und Länder und ähnlich gearteten Organisationen ist eine derartige Entwicklung, wenn auch nicht fremd, so doch in einer anderen auf partikularistischen Bestrebungen beruhenden Form eigentümlich.

[2] Dagegen Seydel, Bayerisches Staatsrecht, 2. Aufl. 1896 I., S. 483: „Das Interpellationsrecht ist nicht auf die Gegenstände des Wirkungskreises des Landtages beschränkt“ — eine Konstatierung, die in ihrer normativen Bestimmtheit nicht unbedenklich erscheint. S. auch ebda. S. 356 Anm. 1. wo Seydel seine Theorie begründet.

[3] Siehe u. a. Seydel, a. a. O., S. 356 ff. u. S. 375 ff. über die den Wirkungskreis des Bayrischen Landtages ausweitenden Petitionen und Verfassungsbeschwerden.

Sozialpolitik gepriesen wird, und diese Vielseitigkeit auch den Wirkungskreis der staatlichen Organe sehr weit zieht, so gilt für die Parlamente des Kontinentes cum grano salis der Satz: Interpellationen sind über alle Fragen zulässig, die rechtlichen, politischen und sozialen Inhaltes sind und die nicht in die Prärogativen des Staatsoberhauptes noch in die Unabhängigkeit des richterlichen Amtes[1] eingreifen.

Und damit ist der Kreis, der das Interpellationsmaterial umschreibt, charakterisiert, zwar nicht mit jener Schärfe, die für jeden Einzelfall alle Zweifel darüber ausschließt, ob er zu den abgezirkelten Tatsachen gehört oder nicht, aber immerhin prinzipiell; jeder Aufstellung eines Prinzipes haftet eben die Notwendigkeit an, es in der Praxis und für die Praxis zu interpretieren.

Dem hier anerkannten Prinzipe mit seinem festen Kern und seinen fluktuierenden Grenzen widerspricht nicht die Individualität aller staatlichen Organisationen, denen die Gemeinsamkeit gewisser Strukturen typisch ist, ohne daß der Typus es hinderte, daß die abweichenden äußeren Erscheinungsformen, die oft sehr wesentlich sein können, ihnen einen individuellen Stempel aufdrücken. Dem gleichartigen Aufbau des Staates als Gattungsbegriff und dem Mangel eines Prinzipes, das etwa lückenlos und konsequent in seinen Gesetzen verwirklicht wäre, ist es zuzuschreiben, daß in den einzelnen Parlamenten die zur Interpellation führenden Akte bald engherziger, bald weitherziger anerkannt werden. Das erstere wird zumeist in Monarchien, das letztere in Republiken der Fall sein; so ergehen in Frankreich zum Teil nicht widerspruchslos auch Anfragen über die praktische Rechtsprechung, was deshalb begreiflich ist, weil diese

---

[1] Selbstverständlich können aber Fakten, welche die administrative Seite der Justiz betreffen, zum Gegenstand von Interpellationen gemacht werden.

dort mehr als anderswo politischen Einflüssen zugänglich ist[1].

Wie aber die Verhältnisse heute liegen, kann die Praxis die Interpellationen nicht sehr weit von dem gesetzlichen und tatsächlichen Felde, zu dessen Bearbeitung ein Haus zuständig ist, abirren lassen, ohne dadurch — eine Duldung von Seite der Regierung überdies vorausgesetzt — die Kompetenz der parlamentarischen Kollegien zu erweitern. Diese rechtliche Konsequenz eines politischen Vorganges darf nicht zu gering angeschlagen werden.

Zusammenfassend lautet das Ergebnis der Spezialuntersuchung über die als Grundlagen für Interpellationen zulässigen Gegenstände: Alle Tatsachen und Aktionen, die in den durch das Gesetz und die Praxis sich fixierenden Wirkungskreis einer Kammer fallen, können Material parlamentarischer Kontrolle werden und Interpellationen begründen. Anderseits sind es auch Interpellationen, die ausweitend auf die Kompetenz eines Parlamentes wirken.

3. Der rechtliche Charakter des Interpellationsrechts.

Das Interpellationsrecht als Inbegriff von Bestimmungen, welche die qualifizierten Anfragen an die Regierung regeln, ist organisatorischer Natur und zerfällt in ein materielles und in ein formelles.

Das materielle Interpellationsrecht setzt die Kompetenz einer Kammer zu Interpellationen fest, es schafft damit kein subjektives Recht des Hauses oder seiner Mitglieder, sondern erklärt sie nur für zuständig, Interpellationen zu stellen[2].

---

[1] Ein Gegenstück dazu liefert Rußland, wo nur über gewisse Regierungsakte, die „nicht gesetzmäßig scheinen", Interpellationen der Duma zulässig sind. S. bes. Teil, Absch.: Das Interpellationsrecht anderer Staaten.

Eng ist scheinbar auch der Kreis der Objekte für das italienische Parlament gezogen — vergl. Brusa a. a. O. S. 166.

[2] Dagegen u. a. Seydel a. a. O., S. 484[51], der die „Interpellation" als ein „persönliches gesetzliches Recht des Kammermitgliedes" nur beschränkt durch die Notwendigkeit einer „Unterstützung" auffaßt.

Der Mangel eines subjektiven Interpellationsrechts folgt aus der Stellung, welche parlamentarische Kollegien in der staatlichen Organisation als Organe des Staates einnehmen; demnach sind sie keine Korporationen, keine juristischen Personen, nicht Träger von subjektiven Rechten, die ihnen etwa zur Wahrung eigener Interessen und zu deren Geltendmachung übertragen wurden, sondern diese Organe üben staatliche Funktionen aus, woran auch der Umstand nichts ändert, daß die Parlamente zugleich Organe des in Gesellschaftskreise, Gruppen und Parteien gegliederten Volkes sind[1].

Wenn nun die Verfassung eine Kammer für kompetent erklärt, die Minister zu interpellieren, so bleibt nur noch die Frage offen, ob damit auch eine Pflicht des Interpellierten zur „Antwort" begründet ist[2].

Gehen jedoch die Gesetze über die „Interpellationen" völlig mit Stillschweigen hinweg, so tauchen eine Reihe komplizierter Probleme auf: ob etwa ein Parlament nur auf Grund seines Wirkungskreises, auch ohne weitere ausdrückliche Zuständigkeitserklärung dazu, berechtigt sei, Interpellationen einzubringen — ob es sich vielleicht durch die G.O. dafür selbst kompetent erklären könne — ob daraus dem Interpellierten eine Äußerungspflicht erwachse und dergleichen mehr.

Mit der Durcharbeitung dieser Fragen wird das so überaus strittige Gebiet des Gewohnheitsrechtes und sein Verhältnis zum Gesetzesrecht berührt werden müssen, ohne daß es der Zweck dieser Monographie sein kann, an eine

---

1 Bezügl. der Organstellung des Parlamentes vergl. Jellinek, System der subjektiven Rechte, 2. Aufl., S. 223 ff.; ders., Allgemeine Staatslehre, 2. Aufl., S. 546 ff.; 568 ff.

2 Unter „Beantwortung" wird in der Literatur bald nur eine materielle Antwort auf die Interpellation verstanden, bald jede Äußerung des Interpellierten auf eine Anfrage, mag sie auch nur enthalten, daß das Thema für weitere Erörterungen ungeeignet sei. Eindeutiger wäre es, ganz allgemein von „Äußerung" zu sprechen, wenn eine negativ formelle Antwort mit inbegriffen sein soll, dagegen von „Beantwortung", sobald es sich um eine materielle Erledigung handelt.

prinzipielle Lösung der in der Litteratur herrschenden Meinungsdifferenzen heranzutreten.

Für das Interpellationsrecht kommt, und diese Tatsache darf vor Allem nicht übersehen werden, das maßgebende Faktum in Betracht, daß in allen europäischen Kammern, mag das Gesetz dafür Vorsorge treffen, oder nicht, interpelliert wird und die Praxis keinen namhaften Unterschied zwischen gesetzlich ausdrücklich begründeten und gesetzlich nicht ausdrücklich begründeten Interpellationen kennt. Zur juridischen Durchleuchtung der Erscheinungen auf dem Gebiete des Interpellationsverfahrens werden wir zu trennen haben das Interpellationsrecht ohne ausdrückliche gesetzliche Grundlage von dem mit ausdrücklicher gesetzlicher Grundlage[1].

Dem wird sich schließlich eine Besprechung des formellen Interpellationsrechts anschließen, das die Art und Weise bestimmt, in der Interpellationen in Erscheinung treten.

A. Das Interpellationsrecht ohne ausdrückliche gesetzliche Grundlage.

In manchen Staaten schweigen die Verfassungsgesetze darüber, ob ein parlamentarisches Kollegium zuständig sei, Minister zu interpellieren. Solche und ähnliche „Lücken“ in Verfassungen sind nichts seltenes, und nicht gerade die für die Praxis ungeeignetsten Konstitutionen zeichnen oft nur in großen Umrissen die staatliche Organisation und überlassen es Ergänzungsgesetzen oder der stillschweigenden Übung, alles das zu regeln, was durch sie selbst unerledigt blieb.

Mit Recht vermeidet man es, durch schwerfällige, besonders komplizierte Bedingungen in Bezug auf Abänderung

---

[1] Wenn nicht, was singgemäßer schiene, an erster Stelle das „im Gesetze ausdrücklich begründete Interpellationsrecht“ zur Sprache kommt, so sind für den Autor technische Gründe maßgebend gewesen; er hofft so Wiederholungen tunlichst zu vermeiden.

unterworfene Normen die staatlichen Grundprinzipien bis in alle feinsten Details festzulegen, denn dadurch würde man der Praxis, die sich dem unvorherzusehenden Wechsel anzupassen hat, unleidlichen Zwang anlegen und der wünschenswerten staatsrechtlichen Entwicklung überhaupt Hemmungen bereiten.

Gewisse Materien scheut man sich wegen der ihnen anhaftenden politischen Delikatesse normativ zu fixieren; die Gesetzgeber begnügen sich mit der Schaffung von „Verheißungsgesetzen," die einerseits gewissen Forderungen entgegenkommen, anderseits aber der Anwendbarkeit entbehren, so lange nicht Durchführungsvorschriften, an deren Erlassung nicht einmal gedacht wird, praktisches Recht erzeugen. In solchen Fällen wurde dem Verlangen nach rechtlicher Erfassung dieser oder jener öffentlichen Tatsache theoretisch Rechnung getragen, ohne sich hierbei der Täuschung hinzugeben, daß praktisch eine klaglose Ordnung dieser Angelegenheiten, vorderhand wenigstens, ins Gebiet der Möglichkeit oder Wahrscheinlichkeit gehört [1].

Derartige Lücken [2], falls keine Ergänzung durch Nachtragsgesetze erfolgt, soweit als möglich zu beseitigen, ebenso wie am geschriebenen Rechte die sich als notwendig herausstellenden Korrektionen vorzunehmen, muß der rechtsbildenden Kraft des Tatsächlichen vorbehalten bleiben. Man könnte nun zur Annahme verleitet werden, daß die sich zu Rechten und Pflichten verdichtenden Übungen der Praxis, wenn einmal genügend befestigt und bewährt, for-

---

[1] Es sei nur auf Art. 19 des österr. St.G.G. über die allgemeinen Rechte der Staatsbürger mit seiner Unrealisierbarkeit hingewiesen.

[2] „Lücken in der Verfassung" sind entweder von allem Anfange an vorhanden oder entstehen erst später dadurch, daß die wirtschaftliche, soziale und politische Entwicklung neuartige Verhältnisse schafft, die einer prinzipiellen rechtlichen Regelung bedürfen. Von nur „scheinbaren Verfassungslücken" kann man dann sprechen, wenn sie durch eine reguläre Interpretation des Gesetzes zu beheben sind, doch werden widerstreitende Auslegungen bei wichtigen Problemen den Mangel einer ausdrücklichen Bestimmung fühlen lassen. Dem kann abgeholfen werden durch einen Formalakt der Legislative oder durch Bildung eines Gewohnheitsrechtes.

mell auch in der Verfassung Aufnahme und wichtige Fragen so authentische Lösung finden würden, aber diesem selten zu beobachtenden Vorgehen widerspricht eine beinahe wunderliche Abneigung gegen Verfassungsänderungen. Typisch dafür ist die nordamerikanische Union, doch auch die D.R.V. bietet schätzbares Untersuchungsmaterial.

Wie in den schweren Kämpfen, die den Tod des Absolutismus besiegelten, das leidenschaftliche Begehren nach einer Konstitution, nach einer Verfassung, ertönte, und eine ideale Anschauung in der Erfüllung dieses politischen Sehnens die Eröffnung kaum geahnter Perspektiven für das Volkswohl erblickte, da entstand oder festigte sich die fixe Idee, die Verfassung sei der Bauplan des neuorganisierten Staates; an ihr dürfte man möglichst wenig rühren, sie müsse über dem Wandel der Augenblicksvariationen unversehrt und erhaben thronen. Das war ein arges Verkennen des gesellschaftlichen Lebens; die Verfassung, im materiellen Sinne nichts anderes, als die organisierende Machtsphärenabgrenzung zwischen den sozialen Bestandteilen des Staates, muß auch den sozialen Machtverschiebungen nachrücken, soll sie nicht Gefahr laufen, mit der Zeit zu einem bedruckten oder beschriebenen Stück Papier degradiert zu werden, so daß nicht sie, sondern nur die Beobachtung der Tatsachen ein wirkliches und wahres Bild der staatlichen Organisation gibt. Tatsächlich ist die Theorie von der Heiligkeit fundamentaler Grundgesetze noch nicht verschwunden und daher müssen wir, um die faktische Organisation eines Staates mit allen ihren reichen Hilfsmitteln kennen zu lernen, neben der formellen Verfassung scheinbar oft nebensächliche Gesetze, Verordnungen und das praktische Schalten und Walten auf staatsrechtlichen Territorien ins Auge fassen[1].

---

[1] Vergl. Gumplowicz, das österr. St.R. 1902, S. 20: „... sie (eine Verfassungsurkunde) kann allenfalls als Grundlage und Ausgangspunkt weiterer Entwicklung dienen: um aber tatsächlich die Verfassung des Staates zu werden und eine solche in der Wirklichkeit zu sein, muß sie

Und wenn wir nun die Frage nach dem Interpellationsrechte für jene Parlamente, denen es das Gesetz nicht ausdrücklich zugesprochen hat, beantworten wollen, so dürfen wir nicht bei dem, was staatsrechtlich sein soll, Halt machen, sondern müssen auch noch das, was ist, in den Kreis der Untersuchung ziehen. Ein Teil des Problems läßt sich, entsprechend der Theorie von der Organstellung des Parlamentes, folgendermaßen formulieren:

Ist eine Kammer zufolge der Aufgaben ihres Wirkungskreises ohne weiteres für die Stellung von Interpellationen an die Regierung kompetent oder nicht?[1].

Den Wirkungskreis eines parlamentarischen Kollegiums, das nicht auf eine organische Entwicklung zurückschauen kann, zu bestimmen, stößt nicht nur in der Theorie, sondern auch in der Praxis häufig auf große Schwierigkeiten; er ist abzugrenzen gegen den Wirkungskreis der Verwaltung und der Justiz einerseits, gegen den anderer zur Gesetzgebung

---

jene notwendige Entwicklung behufs Anpassung an die wirklichen Machtverhältnisse erst durchmachen und die zu diesem Zwecke nötigen Korrekturen hinterdrein erhalten; sie muß den Ausgleich mit der Wirklichkeit durchmachen, bevor sie als tatsächliche Verfassung aus dem Kampfe der sozialen Bestandteile nach ihren gegenseitigen Machtverhältnissen modifiziert und approbiert hervorgeht, um sodann wieder in den Strom der staatsrechtlichen Entwicklung gestellt zu werden."

Jellinek, Verfassungsänderung und Verfassungswandlung, 1906, S. 2. „Wir wissen heute, daß Gesetze viel weniger vermögen, als man noch vor einem Jahrhundert glaubte, daß sie stets nur ein Sollen bedeuten, dessen Umsetzung in Sein niemals in vollem Umfange stattfindet, daß das reale Leben daher stets Tatsachen erzeugt, welche dem vernünftigen Bilde, das der Gesetzgeber zeichnet, nicht entsprechen. ... Die Grundgesetze, wie alle anderen, sind mit unentrinnbarer Notwendigkeit ... in den Fluß des historischen Geschehens gestellt."

Laband, die Wandlungen der D.R.V., im Jahrbuche der Gehe-Stiftung, Bd. I. 1896, S. 2: „Zwischen dem wirklichen Verfassungszustand eines Staates und den in der Verfassungsurkunde formulierten Regeln besteht oft ein so großer Unterschied, daß die erstere die größten Umwandlungen erfahren kann, ohne daß der Wortlaut des Verfassungsgesetzes abgeändert zu werden braucht."

[1] Es sei hier gleich erwähnt, daß für das englische Unterhaus Palmerstone 1861 diese Frage wenn auch indirekt, so dennoch unzweifelhaft bejaht hat. Vergl. Redlich, a. a. O., S. 141.

oder Mithilfe zur Gesetzgebung berufener Staatsorgane anderseits.

In dieser Darstellung muß das Problem des „Wirkungskreises" jener Kammern gestreift werden, um daraus Folgerungen zu ziehen, für die der Gesetzesbuchstabe das Interpellationsrecht ignoriert. Dies ist in der Verfassung des Deutschen Reiches bezüglich des Reichstages der Fall; sie schweigt über dessen Zuständigkeit zu Interpellationen, aber sie beruft ihn zur Kontrolle der Regierung innerhalb gewisser Grenzen und statuiert die Verantwortlichkeit des Reichskanzlers[1]. Diese Verantwortlichkeit wird durch politische Mittel geltend gemacht; die Möglichkeit eines Anklageverfahrens besteht nicht, da es dafür an den nötigen gesetzlichen Bestimmungen fehlt, aber der Reichstag vermag auch gegen Gesetzwidrigkeiten mit seinen politischen Machtmitteln vorzugehen; auch muß betont werden, daß dem allgemeinen Interesse oft weniger damit gedient wird, daß alle Aktionen sich streng im Rahmen des Gesetzes vollziehen, als damit, daß sie zweckentsprechend und nützlich sind und Zweckmäßigkeit wird sogar das Manko der Gesetzwidrigkeit in praxi unter Umständen beheben können.

Das sind Fragen der Politik, zumeist der praktischen Politik im Einzelfalle, aber unsere Beobachtungen der sozialen Gestaltungen führten uns zur Erkenntnis, daß es weite und wichtige Grenzgebiete giebt, von denen man nicht mit Bestimmtheit sagen kann, ob sie nicht auch rechtlicher Natur, von denen es jedoch gewiß ist, daß sie durch die streng juridische, alle gesetzliche und rechtliche Irrelevanz absorbierende Brille betrachtet, die ganze staatliche Organisation nur als Fragment, nur als ein Bruchstück zum Bewußtsein kommen lassen.

So geht es auch nicht an, die tatsächliche politisch parlamentarische Verantwortlichkeit der Minister als jenseits jeder rechtlichen Sphäre liegend, zu betrachten. Sie ist

[1] D.R.V. Art. 4, 17, 72.

der Ausfluß der Kontrollbefugnis, die in den Wirkungskreis eines Parlamentes fällt — und mit ihr fallen auch Mittel hinein, sie zu üben[1].

Welche Mittel sind nun einem Hause für die Kontrolle gegeben? Abgesehen von dem rein etatrechtlichen der Rechnungsprüfung und abgesehen von mehr minder privaten Erkundigungen kommen neben Adressen, Resolutionen, Petitionen, Kommissionen, die direkten Anfragen an die Minister in Betracht[2].

Sowie ein Parlament für die Kontrolle zuständig ist, muß es auch für competent erachtet werden, den Kontrollierten

---

[1] Fortlaufend praktisch gestaltet sich nur die Verantwortlichkeit der Minister für die Zweckmäßigkeit ihrer Handlungen vor dem Parlamente, das allerdings — was eine Folge der scheinbaren Lebensunfähigkeit eines formellen Anklageverfahrens in den meisten Staaten — auch die Gesetzwidrigkeit ministerieller Akte durch Ausspruch eines Mißtrauensvotums, dessen schärfste Form die Budgetverweigerung ist, zu richten pflegt. Und so lange eine Kammer imstande ist, im Etat Striche vorzunehmen, sowie überhaupt Pläne der Regierung zu vereiteln, so lange ist sie auch imstande, deren Vertreter wegen Rechtsbruches oder Interessenverletzungen insofern zur Verantwortung zu ziehen, als sie ihnen Schwierigkeiten durch eine Durchkreuzung ihrer Bestrebungen bereitet

In diesem Sinne stehen „Kontrolle“ und „Ministerverantwortlichkeit“ im engsten Zusammenhang.

Ob die politische und eben angedeutete staatsrechtliche Verantwortlichkeit der Minister vor dem Parlamente im herrschenden Zuge der Demokratisierung einer Art „sozialen“ vor der Öffentlichkeit weichen wird, ist eine Frage, deren Beantwortung in der Zukunft liegt; Anzeichen scheinen für eine solche bedeutsame Wandlung zu sprechen und „Interpellationen“ tragen auch die Fähigkeit in sich, schnell und prägnant aufklärungsbedürftige Regierungsakte in den Kreis der allgemeinen Aufmerksamkeit zu schieben.

Vergl. Jellinek, Verfassungsänderung und Verfassungswandlung, S. 41 f.; S. 74; Low, The governance of England, 2. Aufl. 1906, S. 91 ff.; Bezügl. der Arten der Ministerverantwortlichkeit s. Hauke, Die Lehre von der Ministerverantwortlichkeit, 1880, S. 8 f.; 12 ff.; Frisch, Die Verantwortlichkeit der Monarchen und höchsten Magistrate, 1904, S. 48, 147 ff.; s. auch S. 372 f.

[2] Vergl. Ulbrich, österr. Staatswörterbuch, B. II, zweite Hälfte, S. 924; derselbe, das österr. St.R., 1904, S. 105 f.

Redlich, a. a. O., S. 294, sagt betreffs der Informationsmittel, die zumeist auch Kontrollmittel sind „. . . (es) darf wohl vorübergehend bemerkt werden, daß nicht nur die ältere konstitutionelle Theorie des Festlandes wie auch die neuere deutsche Staatsrechtslehre die außerordentliche politische und rechtliche Bedeutung dieses Grundrechtes auf Information keineswegs genügend erkannt und gewürdigt hat.“

über gewisse Akte zu befragen; es ist eine interne Angelegenheit einer Kammer, zu bestimmen, welche besondere Formen sie für vom Verhandlungsthema abirrende Interpellationen fordert, aber daß solche gemäß ihrer Stellung verfassungsmäßig sind, geht aus der sinngemäßen Grenzbestimmung des parlamentarischen Wirkungskreises hervor. Natürlich kann ein Gesetz durch ein akzentuiertes Verbot[1] Interpellationen kurzweg ausschließen; sowie aber Gesetze darüber nur einfach mit Stillschweigen hinweggehen, mögen sie auch die staatsrechtliche Verantwortlichkeit der Regierung negieren — eine Negation der politischen ist m. E. ausgeschlossen —, müssen Interpellationen als in den Wirkungskreis einer Kammer fallend angesehen werden.

Daß diese Auslegung so ziemlich allgemein anerkannt ist, beweisen die Tatsachen der Praxis.

Die Regierungen hatten ja immerhin, wenn sie die Interpellationen eines Parlamentes als ungehörigen Übergriff betrachtet hätten, die Möglichkeit, deren Einbürgerung durch Ignorierung der Anfragen zu verhindern; taten sie das nicht von allem Anfange, gaben sie dadurch nicht ihre Ansicht über die von ihnen behauptete Kompetenzüberschreitung kund, so halfen sie durch ihre Duldung die parlamentarische Kompetenzsphäre dahin zu interpretieren, daß auch Interpellationen in sie fallen.

Auch der Umfang des Wirkungskreises ist der Erscheinung der Verfassungswandlung unterworfen; tatsächliche Vornahme von Akten durch ein Staatsorgan und rückhaltslose Duldung derselben durch andere Staatsorgane können sie zu von berufener Seite vorgenommenen Rechtsakten stempeln.

Die Ergebnisse theoretischer Erwägung und praktischer

[1] Einem solchen Verbote kommt in den Konsequenzen der gesetzliche Ausschluß der Regierungsmitglieder von den Sitzungen eines Hauses gleich; damit ist praktisch die Möglichkeit zu Interpellationen (natürlich nicht die zur Kontrolle überhaupt und die Ministerverantwortlichkeit) genommen.

Folgerungen zusammenfassend, kann somit die Behauptung dezidiert aufgestellt werden, daß einem Parlamente, dem Kontrollrechte zustehen, auch das Interpellationsrecht gebührt; und die G.O. welche ein solches annimmt und behauptet, nimmt eine Interpretation der Verfassung vor[1].

Fraglich mag es für die Theorie sein, wie groß der staatsrechtliche Gehalt eines solchen Interpellationsrechtes ist, sein politischer ist jedenfalls anerkannt[2]. Es muß aber nochmals wiederholt werden, daß wenn wir in den staatlichen Einrichtungen alle Institutionen, die nicht der formulierte Ausdruck eines Gesetzes sind, als rechtlich bedeutungslos bezeichnen, schließlich theoretisch nur eine ganz unvollständige staatliche Rumpforganisation zurückbleibt. Der durch die Praxis gelieferte Kitt ist durch die Dauer seines Bestandes so hart und unausscheidbar geworden, daß die aus den Tatsachen abgeleiteten abstrakten Regeln Form und Bedeutung von Rechtssätzen annahmen.

Diese nun als Gewohnheitsrecht zu bezeichnen, oder sie unter einem andern Begriff zu subsumieren, ist eine Frage der juridischen Technik. Solche Regeln sind eben da und Staatsorgane handeln nach ihnen.

Wie es sich nun mit der Äußerungspflicht des Interpellierten auf im Gesetze nicht ausdrücklich anerkannte Anfragen verhält, ist eine weitere Frage. Ganz allgemein wird man sagen müssen, daß eine solche besteht.

Das Vorhandensein einer solchen Äußerungspflicht ist zu bejahen, mag sie nun eine rechtliche, politische oder moralische sein; auf die Bezeichnung kommt es nicht an.

---

[1] Für Norwegen leitet Aschehoug, das Staatsrecht der vereinigten Königreiche Schweden und Norwegen, 1886, S. 144, das Interpellationsrecht aus der Befugnis des Storthings ab, jedermann vor seine Schranken zu laden, um ihn über Staatsangelegenheiten zu vernehmen.

[2] Die politische Durchschlagskraft von Interpellationen hängt von mancherlei Faktoren ab, die juridisch nicht erfaßbar sind, so von der Parteistellung, dem persönlichen Ansehen des Interpellanten u. dergl. mehr. Siehe Low, a. a. O., S. 92; vergl. auch Laband, Staatsrecht, I, S. 283 f.

Und abermals ist es die Praxis, die zu dieser Bejahung berechtigt.

Die Äußerung kann sein eine materielle Antwort oder die Verweigerung einer solchen mit oder ohne Angabe von Gründen. Als Regel wird man als Mindestpflicht eine mit Gründen versehene Antwortsablehnung durch den Interpellierten annehmen müssen. Wenn gesagt wird, daß die englischen Minister ohne Angabe von Gründen die Antwort verweigern können, was sich in einem Nichtreagieren auf Anfragen äußert, so bezieht sich das nur auf „inquiry inconvenient“, wie Low eine gewisse Kategorie von Interpellationen nennt, die man also als „ungehörige“ bezeichnen kann[2].

Die „Äußerungspflicht“ kühl erwägend muß man sagen, daß ihre Anerkennung wenig bedeutet, während das Nichtbeachten ordnungsmäßiger Interpellationen deren politisches Gewicht über Gebühr steigern kann und oft zur Schlußfolgerung verleiten wird, die Regierung habe alle Ursache, sich der Kontrolle zu entziehen. Natürlich gilt das nicht für obstruierende Anfragen, die überhaupt auf keine Antwort reflektieren[2].

Es giebt auch kaum eine so starke und so undiplomatische Regierung, welche es auf eine Kraftprobe mit einem Hause nur deshalb ankommen läßt, nur um nicht sagen zu müssen, sie lehne eine materielle Antwort aus diesem oder jenem Grunde ab. Sollte sich aber dennoch ein solcher Konflikt im Zusammenhang mit anderen Streitfragen entspinnen, dann wird, wie so häufig bei Verfassungsproblemen, weder das Gesetzes-Recht, noch das Gewohnheitsrecht, sondern die Macht entscheiden.

In Erwägung aller dieser Gründe hat das Verlangen

[1] Low, a. a. O., S. 92.

[1] Daß eine Äußerungspflicht im e. S., das heißt eine Pflicht zur Antwort, die eine materielle Erledigung der Frage enthält, nicht existiert, auch nicht in jenen Parlamenten, für die das Interpellationsrecht ausdrücklich durch das Gesetz fixiert ist, wird unter B. erörtert werden.

nach einer Äußerung des Interpellierten mit dessen Willen sie nicht zu versagen, unter normalen Umständen stets harmoniert.

Der Kampf drehte sich nur um die Pflicht, eine materielle Antwort zu erteilen. So ist auch des Bundeskanzlers Grafen von Bismarcks Erklärung zu verstehen, die er anläßlich einer einschlägigen Debatte im verfassungsberatenden Reichstag abgab; sie lautet: „ . . . . . (ich) weiß . . . . . nicht . . . . . . welche Gewalt, welche parlamentarische wenigstens, mich zwingen könnte, zu reden, wenn ich schweigen will [1]," . . . . doch werde die Bundesregierung sich der Beantwortung etwaiger Interpellationen nicht entziehen [2]. Mit anderen Worten bedeutet das: die Regierung wird eine materielle Antwort nicht verweigern, wenn sie sich mit dem Staatswohl vereinbaren läßt; nicht jedoch darf aus der materiellen Antwort ein Präcedenzfall geschmiedet werden, daß sie unbedingt zu ihrer Erteilung verpflichtet wäre. Mit keinem Worte wehrt sich der Kanzler gegen eine bloße Äußerungspflicht.

Der unter normalen Verhältnissen allgemein übliche Modus, eine Interpellation zu beantworten oder die Antwort aus anzuführenden Gründen abzulehnen, ist eine feststehende Institution geworden, die alle Anzeichen des Gewohnheitsrechtes an sich trägt.

Selbstverständlich und kaum zu erwähnen nötig ist es, daß, wenn ein parlamentarisches Kollegium es seinen Mitgliedern gestattet, die Regierung zu interpellieren, ohne auf ein damit korrespondierendes Gesetz hinweisen zu können, daraus nicht ohne weiteres eine Äußerungspflicht des Befragten konstruiert werden kann. Die selbständigen Geschäftsordnungen vermögen nur für die Mitglieder des Hauses eine Art Recht und Pflicht zu konstituiren, für die Regierung aber nur insofern, als diese gehalten ist, den so

---

[1] Thudichum, Verfassungsrecht des norddeutschen Bundes und des Deutschen Zollvereins, 1870, S. 213 f.

[2] Rönne, d. St.R. des Deutschen Reiches, 2. Aufl., I. S. 268 Anm. 3.

geregelten internen Geschäftsgang der Kammer zu respektieren. Erst die tatsächliche Ausübung von Interpellationen und tatsächliche Äußerungen des Befragten darauf, die durch geraume Zeit anstandslos erfolgen, schaffen eine Äußerungspflicht, so daß die „Äußerungen" nicht mehr als inhaltsleere Akte der Kourtoisie erscheinen; auf diesem Punkte der Entwicklung steht diesbezüglich das Parlamentsrecht aller Kulturstaaten.

B. Das Interpellationsrecht mit ausdrücklicher gesetzlicher Grundlage.

Georg Meyer[1] sagt: „wo .... das Interpellationsrecht in der Verfassung förmlich anerkannt ist, hat der interpellierte Regierungsvertreter stets eine Antwort auf die Anfrage zu geben. Nur braucht diese nicht notwendig eine materielle Auskunft zu enthalten, es steht ihm frei, eine solche zu verweigern, wenn eine öffentliche Behandlung der fraglichen Angelegenheit mit dem Staatswohl nicht vereinbar erscheint"[2].

Diese richtige Auffassung, daß Interpellationen, die ihre Zulässigkeit auf den Wortlaut des Gesetzes gründen, eo ipso mit einer Äußerungspflicht des Interpellierten korrespondieren, findet in den verschiedenen Verfassungen und in der Litteratur bald klaren, bald minder klaren Ausdruck. Die Unklarheiten, besonders in der Litteratur, resultieren u. A. auch daraus, daß das Wort „Antwort" bald in der Bedeutung „materielle Beantwortung" bald auch in der

---

[1] Meyer-Anschütz, Lehrbuch d. Deutschen St.R., 1905, S. 299f.

[2] Daß eine materielle Antwort bei bestehender Äußerungspflicht mit Hinweis auf das öffentliche Interesse oder unter Angabe von Gründen abgelehnt werden kann, sprechen manche Gesetze ausdrücklich aus, z. B. Art. IX der Zusatzartikel zur L.O. für das Königreich Böhmen, 1863; Ges. v. 7. Mai 1877 für Istrien, L.G. B. 8; Art. 11 Ges. v. 2. Febr. 1877 für Steiermark, L.G. B. 6; Sächs. L.O. § 31; Verf. v. Hamburg Art. 65; v. Lübeck Art. 45.

Bedeutung einer mit Gründen versehenen Ablehnung derselben gebraucht wird[1].

Wenn, wie schon ausgeführt, selbst für jene Parlamente, die ein Gesetz zur Einbringung von Interpellationen nicht ausdrücklich kompetent erklärt, dennoch mit Hinblick auf ihren ganzen Wirkungskreis die Zuständigkeit dazu angenommen werden muß, und es zumeist auch nicht an einer nachfolgenden Äußerungspflicht (mag man diese nun als gewohnheitsrechtliche auffassen oder nicht) fehlen wird, so muß unbedingt die Konsequenz aus der gesetzlichen Festlegung der Interpellations-Zuständigkeit gezogen werden, daß die Regierung auf jede Anfrage zu reagieren hat[2].

Interpretiert man z. B. nur rein juridisch § 21 Ges. ü. d. R.V. (Österreich): „Jedes der beiden Häuser des R. R. ist berechtigt, die Minister zu interpellieren . . . . .“ und § 12 Abs. 2 des G.O.Ges., (gleichlautend mit § 68B G.O. Abg.H.): „Der Interpellierte kann sogleich Antwort geben, diese für eine spätere Sitzung zusichern, oder mit Angabe der Gründe die Beantwortung ablehnen“, dann kann man diese Bestimmungen doch nicht so auslegen, daß ihr Sinn schließlich höchst nichtssagend lautet: Jede Kammer kann die Minister interpellieren, diese können sofort oder später Antwort geben oder eine solche mit Angabe von Gründen ablehnen, oder vollständig schweigen. Das Letztere widerspricht durchaus einer gesunden, ungekünstelten Auffassung, auf welche doch auch Gesetze in ihrer Auslegung Anspruch erheben können. Nur der absolutistische Niederschlag vergangener Epochen, der noch tief in den Gliedern steckt, mag die Ursache sein, daß eine solche Interpretation ernst-

[1] Vergl. österr. Ges. ü. d. R.V. § 21; Ungarn, Ges. Art. III, 1847/48, § 29; Sächs. L.O. § 31 u. a.; Ulbrich im österr. Staatswörterbuch II, 2. Hälfte, 1897, S. 924, wo ohne Interpretation § 12 G.O. Ges. zum Abdruck gelangt; Manuel Torres Campos, das Staatsrecht des Königreichs Spanien, S. 37; u. a.

[2] Über „Pflichten“ als „logische Korrelate“ von „ausdrücklich anerkannten Rechten“, vergl. Laband, Staatsrecht, I. S. 285 Anm. 2; daß einer „Kompetenz“ keine „Pflicht“ zu entsprechen braucht, s. Jellinek, Verfassungsänderung und Verfassungswandlung, S. 25 f. Anm. 1.

lich diskutiert wurde. Ein merkwürdiges Gefühl der Schwäche, der Unsicherheit, und ein ängstliches Hangen an dem rein Formalen spricht aus dem Zweifel, der sich im Berichte des G.O.Ausschusses [1] findet, wonach aus dem Gesetze nicht „zum klaren Ausdrucke“ komme, ob dem Interpellierten überhaupt die Verpflichtung obliege, auf eine Anfrage „irgendwie zu reagieren“. Der politische Kampf bis aufs Messer, der im österr. Abg.H. entbrannt war, die obstruierenden Interpellationen, sowie die Verwahrlosung der gesamten Geschäftsführung lassen ja solche Bedenken über die selbstverständlichsten parlamentarischen Institutionen verständlich erscheinen — für den objektiven, außer dem Kriegsrayon stehenden Beobachter bestehen sie nicht.

Und faßt man die „Äußerungspflicht“ vom politischen Standpunkt ins Auge, so ist sie ebenso unbedingt zu bejahen; der zitierte § 21 des St. G.G. gehört nicht zu jenen, die praktisch zwecklose Scheinbefugnisse formulieren, sondern er betont die Kontrollkompetenz des Reichsrates, die sich gewiß nicht in Fragen einerseits und im Schweigen anderseits erschöpft.

Keineswegs freilich braucht die Äußerung des Interpellierten eine materielle Antwort auf die Interpellation zu enthalten; eine mit Gründen versehene Ablehnung der Antwort genügt, und mehr will auch diesbezüglich der obengenannte, bewußt bescheidene G.O.Ausschuß, wie aus der von ihm vorgeschlagenen Neuformulierung des § 68C G.O. [2] manifestiert, gar nicht anerkannt wissen.

Die Staatsraison, verschleiernd oft auch als „öffentliche Wohlfahrt“ bezeichnet, kann sehr wohl einer materiellen Antwort unbedingt entgegenstehen. Ist die Regierung der Ansicht, es sei dies bei einer eingebrachten Interpellation der Fall, dann hat sie sogar die Pflicht, ihre materielle Erledigung zu versagen, damit aber auch die Folgen davon

---

[1] Bericht des Abg.H. S. 24.
[2] Bericht des Abg.H. S. 36.

auf sich zu nehmen. Besonders häufig treten solche Fälle bei diplomatischen Angelegenheiten auf; sehr richtig sagt Redlich[1]: „In betreff der Mitteilung diplomatischer Akte muß . . jede Regierung die Kompetenz besitzen, rein diskretionär zu beurteilen, was veröffentlicht werden kann, und was nicht". Oft werden über eine Angelegenheit Erkundigungen eingezogen, die entweder noch nicht spruchreif ist, oder erst dann wird, wenn sie bereits der Geschichte angehört, in die Domäne des Historikers und nicht mehr in die des praktischen Politikers fällt. Aus dem Aufsehen und den schweren Verstimmungen, die häufig selbst mit der Veröffentlichung von sogenannten Memoiren einst führender Staatsmänner Hand in Hand gehen, kann die Richtigkeit dieser Deduktionen ersehen werden.

Aber nicht nur ausschließlich auswärtige Angelegenheiten sind es, für die „Schweigen" — „Gold" zu bedeuten vermag, sondern auch innerpolitische; ebensowenig wie ein ängstliches Vertuschungssystem läßt sich auch die regellose Flucht in die Öffentlichkeit jederzeit rechtfertigen. Die „öffentliche Meinung" beeilt sich gar zu oft, jedes beklagenswerte Ereignis sofort als ein Symptom unter Vielen für die Verrottung der Verwaltung, zuweilen sogar des gesamten Kulturzustandes auszuposaunen; vorschnelle (oder aus Parteitaktik absichtlich irreführende) Schlußfolgerungen schaden oft nicht nur dem Prestige der Exekutive überhaupt, sondern speziell auch der Sache selbst, der sie vielleicht dienen sollen.

Natürlich darf hier nicht generalisiert, sondern es muß spezialisiert werden; es wäre ganz verfehlt, angelsächsische Verhältnisse etwa zum Beweis für die Stichhaltigkeit kontinentaler Forderungen heranzuziehen; und auch die staatlichen, politischen und sozialen Zustände auf dem Festlande differieren abermals in den verschiedenen Staaten, ja sogar

[1] Redlich, a. a. O., S. 296.

Staatsteilen, derart untereinander, daß das, was hier für die Öffentlichkeit geeignet ist, dort ungeeignet ist.

Ganz allgemein und für die verschiedensten Verhältnisse passend, ist deshalb jene Ausgestaltung des Interpellationsrechts, die es der Regierung überläßt, zu antworten, oder die Antwort mit Gründen versehen, abzulehnen. Diese Auffassung des Interpellationsrechts für die Kammern und in den Kammern ist auch praktisch die herrschende. Die Größe des Vertrauens eines Hauses zum guten Willen, zur Ehrlichkeit und zu den Fähigkeiten eines Kabinettes entscheidet dann darüber, ob das gemeinsame Zusammenarbeiten zwischen Regierung und Parlament bald mehr bald weniger differenzenreich ist.

Und selbst wenn eine Verfassung wie z. B. die des Königreichs Ungarn[1] bestimmt: „Die Minister sind verpflichtet, in jedem Hause des Reichstages, welches es wünscht, zu erscheinen und die erforderlichen Aufklärungen zu geben," so darf das nicht etwa so verstanden werden, daß die Minister unter allen Umständen materielle Aufklärungen auf Interpellationen zu leisten haben[2]; eine solche Auffassung entspräche zwar den Interpretationsregeln, die bezüglich der Privat-Rechte Anerkennung fanden, nicht aber jenen, die für Verfassungsbestimmungen gelten müssen. Verfassungen können nie rein theoretisch ihrem Buchstaben nach ausgelegt werden, immer hat die Auslegung auf die Staatsraison Rücksicht zu nehmen, besonders dann, wenn sie in Einzelfällen keine subjektiven Rechte schufen.

Es kann Staatsorganen nicht zugemutet werden, die Verfassung so zu interpretieren, daß das Staatswesen gefährdet würde, statt gefördert. Das übersehen alle atomistischen Theorien, die als letzte Konsequenz für alle staatliche Aktionen den ungeschriebenen und gleichwohl allen

---

[1] Ges., Art. III § 29, v. J. 1847/48.

[2] Siehe auch Art. 50 der rumänischen Verfassung: „Les ministres sont tenus de donner des explications sur leur teneur toutes les fois que les Chambres les demandent." Dareste, Les const. modernes 2. Ed. II, S. 220.

Konstitutionen inhärenten Satz negieren: rem publicam vivere necesse est, te vivere non est.

Daher kann auch § 29 für den ungarischen R.T. nur eine Äußerungspflicht des Interpellierten, nicht eine Antwortspflicht i. e. S. involvieren und dasselbe gilt für alle Verfassungen, die das Interpellationsrecht objektiv dem Parlamente zusprechen.

Neben jenen Verfassungen, die das Interpellationsrecht ausdrücklich behandeln, und jenen, in denen es keine Erwähnung findet, steht noch eine dritte Gruppe, für die, so merkwürdig es klingen mag, Zweifel obwalten, ob sie das Interpellationsrecht regeln oder nicht. Hierher gehört die Verfassungs-Urkunde des preußischen Staates; die hier auftauchende Frage wird im besonderen Teile untersucht werden.

Wie wenig es übrigens praktisch von Bedeutung ist, ob das Gesetz die Materie der qualifizierten Anfragen behandelt, beweist ein kurzer Blick auf statistische Angaben. Im englischen Unterhause, wo nicht einmal die Parteisitte vom Minister eine Antwort fordert und das nachdrückliche Bestehen des Interpellanten darauf als geschäftsordnungswidrig angesehen wird, wurden im Jahre 1901 während der Wirren des südafrikanischen Krieges 7180 Interpellationen gestellt und beantwortet[1]! das preußische Abg.H., dessen gesetzliches Interpellationsrecht bestritten ist, erlebte in der Zeit von 1887—1906 (abzüglich der zurückgezogenen) 92 Interpellationen[2], von denen 8 unerledigt blieben; ein trauriges Resultat zeigt das österr. Abg.H., in dem z. B. in der 13. Sess. 1897 von 336 Interpellationen nur 4, d. i. 1,19 % beantwortet wurden[3], — und von allen drei erwähnten Kammern ist es gerade diese, welche durch die Verfassung und das G.O.Ges. am besten mit Bestimmungen für das Interpellationsrecht bedacht wurde.

---

[1] Redlich, a. a. O., S. 235 f. Anm. 2.
[2] Siehe bes. Teil.
[3] Siehe Regierungsvorlage S. 31 u. bes. Teil.

Nicht der ausgesprochene Rechtsstandpunkt und nicht die mehr oder minder klare Rechtslage sind maßgebend für die den Interpellationen entsprechende Äußerungspflicht, sondern in erster Linie das tadellose Funktionieren der parlamentarischen Einrichtungen in einem Staate.

Parlamentarisches Regime oder nichtparlamentarisches Regime — keine Regierung schlechtweg wird einem Parlament, das die Aufgaben seines Wirkungskreises erfaßt und vollzieht, heute die Zuständigkeit zur Kontrolle durch prinzipielle Nichterledigung der Anfragen erschweren, sondern an dem eingebürgerten Usus der Äußerungspflicht womöglich durch Erteilung einer materiellen Antwort festhalten; wo dagegen Interpellationen den typischen Charakter politischer Machenschaft an sich tragen oder übertriebenen lokalpatriotischen Neigungen entspringen, dort wird auch die Regierung es mit ihrer Äußerungspflicht nicht sehr ernst nehmen können [1].

Im Zustande des Kampfes weichen die Rechtsfragen konsequent gegenüber dem Bedürfnisse nach politischer Zweckmäßigkeit zurück [2].

Ein Unterschied ist gleichwohl vom Standpunkte der rechtlichen Theorie aus zwischen dem Interpellationsrecht, das sich auf den Wortlaut des Gesetzes stützt und dem, das sich nur aus dem Wirkungskreis einer Kammer ableiten läßt, festzustellen. Die Nichtanerkennung des ersteren durch die Regierung, die auch aus der konsequenten Nichterledigung der Anfragen manifestiert, ist eine Verfassungs-

---

[1] In den ruhigen Jahren 1861—1885 wurde im österr. Abg.H. regelmäßig über die Hälfte, in einer Session wurden sogar 97,64 % der gestellten Interpellationen beantwortet.

[2] Vergl. Redlich, a. a. O., S. 162 ff., über das Vorgehen von Regierung, Speaker und Unterhausmehrheit gegen die obstruierenden irischen Nationalisten. Plate, die G.O. des preuß Abg.H., S. 124: Im Jahre 1863 weigerte sich das Ministerium, an den Verhandlungen des preuß. Abg.H. trotz Art. 60 Abs. 2 V.U. teilzunehmen.

verletzung, welche unter Umständen mit der Ministeranklage beantwortet werden könnte; eine Nichtanerkennung des letzteren bedeutet rechtlich nur einen Interpretationszwiespalt zwischen Parlament und Regierung.

Eine eingehende juridische Untersuchung über die Möglichkeit, ein Ministerium oder einzelne seiner Mitglieder wegen Verletzung eines gefestigten Gewohnheitsrechtes staatsrechtlich zur Verantwortung zu ziehen, würde interessant und anregend sein, wäre nicht die Ministeranklage als solche auf dem Kontinente eine Totgeburt[1] gewesen — ein „toter Buchstabe" geblieben. Und noch aus einem zweiten Grunde wäre in praxi eine Ministeranklage wegen Verletzung des Interpellationsrechts kaum oder gar nicht in jenen Staaten möglich, wo keine Frist gestellt ist, innerhalb welcher eine Äußerung des Interpellierten zu erfolgen habe.

So bleibt schließlich nur die politische Verantwortlichkeit auch in staatsrechtlichen Fragen nach der Gesetzmäßigkeit eines Aktes über — aber diese geltend zu machen, falls Interpellationen durch Nichterledigung von Seite der Regierung ihren Zweck als Kontrollmittel zu verlieren drohen, steht jeder Kammer zu.

Wenn das materielle Interpellationsrecht die Zuständigkeit eines Hauses zur Stellung von Interpellationen an Mitglieder der Regierung ausspricht, so bestimmt das formelle dagegen die Art und Weise, wie qualifizierte Anfragen eingebracht und erledigt werden. Die Bedeutung des formellen geht aber weit — ähnlich der des Strafprozesses — über die Bedeutung rein formaler Formvorschriften hinaus; es bestimmt z. B., ob nur das Parlament durch seine Mehrheit oder ob auch eine Minderheit, vielleicht

[1] Jellinek, Verfassungsänderung und Verfassungswandlung, S. 41 ff. Allerdings wird es oft großer Schwierigkeiten nicht entbehren, in praxi ein „Gewohnheitsrecht" von einem einfachen „Usus" zu scheiden; so findet z. B. Redlich (a. a. O. S. 657), wenn er die Verweigerung der Sanktion für eine Bill durch die Krone Großbritanniens als „Bruch des positiven Rechtes" auffaßt, von manchen Seiten Widerspruch und die „Theorie" macht ebenso viel dafür wie dagegen geltend.

sogar schon ein Mitglied des Hauses den Informations- und Kontrolleapparat in Bewegung setzen kann. Das ist von nachhaltigstem Einfluß besonders dort, wo das Wahlsystem den in den breitesten Schichten der Bevölkerung basierenden Parteien eine der Zahl nach nur geringe Vertretung ermöglicht, eine Vertretung, der für sich allein durch rigorose Bestimmungen über die Anzahl von Mitgliedern, welche eine Interpellation unterstützen müssen, um sie relevant zu machen, die Fähigkeit genommen ist, Äußerungen der Minister zu veranlassen.

Überdies regelt das formale Interpellationsrecht die Form der Antwort, daß sie schriftlich oder mündlich erteilt wird, setzt deren Behandlung im Plenum fest, indem bald Debatten und Anträge im Anschluß daran gestattet, bald versagt werden und dergleichen mehr.

Eine Erörterung dieser wichtigen Fragen und ihrer Lösung in einzelnen parlamentarischen Kollegien erfolgt im nächsten Abschnitte.

4. Erscheinungsformen des Interpellationsrechtes.

Nach der Darlegung des Wesens und der Erkenntnis der Ursachen, die zu Interpellationen und zur Ausbildung eines Interpellationsrechts führten, müssen nun die Erscheinungsformen, unter welchen das Informations- und Kontrollrecht in die Wirklichkeit umgesetzt wird, einer Untersuchung unterzogen werden. So allgemein und konform die Voraussetzungen sind, auf denen das Interpellationsrecht beruht, so allgemein die Ziele sind, denen es dient, ebenso mannigfach und verschieden sind die Bestimmungen über eine Geltendmachung in den einzelnen Kammern. Als Formvorschriften, die den Geschäftsgang regeln, stärken oder schwächen sie seine Potenz, machen es zu einer scharfen Waffe selbst kleiner Minoritäten oder behalten seine Realisierung der überwiegenden Kammer-Mehrheit vor. Über die Äußerungspflicht, die der Kompetenz zur

Anfrage entspricht, wurde bereits gesprochen; sie ist ein generelles Merkmal des Interpellationswesens; dagegen sind noch die wichtigsten speziellen oft nur in diesem oder jenem Parlamente zur Ausbildung gelangten Momente zu erörtern. Auf kleine Abweichungen im Einzelnen kann nicht eingegangen werden und es muß diesbezüglich auf den besonderen Teil dieser Abhandlung verwiesen werden.

Fristbestimmungen bezüglich Interpellationen.

Eine Bestimmung, daß der Interpellierte innerhalb einer gewissen Frist zu antworten habe, findet sich kaum in einer Verfassung und ist nur in wenigen Parlamenten durch die G.O. oder einen Brauch festgelegt.

Präsident Grévy erklärte 1874[1] in der französischen Deputiertenkammer, es sei „une véritable confiscation du droit d'interpellation", wenn eine solche Frist nicht gesetzt sei. Dieser Ausspruch hat allerdings in Frankreich eine besondere Bedeutung, denn das einzelne Mitglied gibt gewissermaßen nur die Anregung zur Interpellation und die Kammer selbst ist es, die interpelliert, indem sie innerhalb einer Frist von vier Wochen eingebrachte Interpellationen über die innere Politik (für solche der äußeren existiert keine Begrenzung) zur Behandlung bringt; bei der Fixierung des Datums hat die Regierung nur eine beratende Stimme. Diese Frist von vier Wochen macht es der Kammer unmöglich, Anfragen dadurch, daß sie sie nicht auf die T.O. setzt, in praxi zu unterdrücken[2], aber auch die Regierung, beziehungsweise der Interpellierte, sind dadurch wirksam gehindert, durch Zögern und Hinausschieben des Antworttermines, ohne die Antwort direkt zu verweigern, den Interpellanten solange hinzuhalten bis die Anfrage

---

[1] S. Pierre, a. a. O., S. 798.

[2] In Belgien darf nur, falls der Interpellant zustimmt, die Interpellationshandlung länger als acht Tage verschoben werden. Manuel à l'usage des membres du sénat et de la chambre des représentants, 1897, S. 32.

nicht mehr akut, interesselos oder durch Tatsachen überholt ist[1].

Viel einschneidender wäre die Einführung einer Frist zur Äußerung des Befragten für jene Kammern, in denen die Unterzeichnung einer Interpellation durch relativ wenige Mitglieder des Hauses genügt, um den Informations- und Kontrollapparat automatisch spielen zu lassen. Ein derartiger Vorschlag ist im Berichte des G.O.Ausschusses des österreichischen Abg.H.[2], enthalten; er will der Regierung zur Erfüllung ihrer Äußerungspflicht eine „angemessene Frist" setzen und sagt, in den meisten Fällen dürfte ein „Zeitraum von sechs Wochen" genügen. Dieser Antrag bedeutet einen gewaltigen Vorstoß des Parlamentes, der besonders für das österreichische Abg.H. ein wenig verwunderlich ist, da die bei ihm zu konstatierende Entartung des J. R. eher eine Beschränkung und Abschwächung desselben erwarten ließe; diese waren allerdings auch von der durch das Herrenhaus unterstützten Regierung geplant und es scheint nicht ganz unwahrscheinlich, daß die Neuforderung des Abg.H. nur als Kompensationsobjekt für das Fallenlassen beengender, von anderen Staatsorganen befürworteter Regeln gedacht war, demnach der Vorschlag nur als politischer Trick aufgefaßt werden müßte.

In England bestimmt einseitig der Interpellant, an welchem Tag er die Antwort der Regierung auf seine Anfrage wünscht, aber dort ist dem J. R. seine Spitze durch mancherlei Verklausulierungen — Beschränkung des ganzen Verfahrens auf eine kurze Spanne Zeit, Häufigkeit der schriftlichen Antwort u. dgl. — genommen, so daß der

---

[1] Nach § 74 der G.O. des preuß. Abgh. und § 70 der G.O. des D.R.T. sind auch Interpellationen mit dem Ablauf der Sitzungsperiode, in welcher sie eingebracht und in welcher sie nicht behandelt wurden, für erledigt zu erachten. Ähnlich verfährt auch die Praxis anderer Kammern, jedoch nicht die des französischen Parlaments. Über das Prinzip der Kontinuität und Diskontinuität der parlamentarischen Organisation und Geschäftsführung des österr. R.R. vergl. Hauke, Grundriß des Verfassungsrechtes, 1905, S. 70.

[2] Bericht des Abg.H. S. 24; 36.

„Befristung“ durch das fragende Mitglied keine sonderliche Bedeutung zugesprochen werden kann.

Jedenfalls liegt in dem Mangel einer zeitlichen Grenze, innerhalb welcher die Äußerung fallen muß, eine Abschwächung der Bedeutung des J. R., aber sein politischer Wert wird dadurch nicht sehr stark tangiert und in regelmäßig funktionierenden Kammern dürfte nicht häufig ein Grund vorliegen, diesen Mangel zu beklagen.

Keineswegs scheint es den Bedürfnissen der Praxis angemessen, in Bezug auf die Beantwortungsfrist für Interpellationen der inneren und der äußeren Politik gleiche Bestimmungen zu treffen, und Pierre[1] äußert sich darüber folgendermaßen: Les auteurs des règlements n'ont pas entouré des mêmes garanties le droit d'interpellation sur la politique extérieure, parce qu' ils ont voulu réserver à la Chambre pleine liberté d'ajourner des débats qui pourraient compromettre nos relations d'amitié avec les puissances étrangères. Im allgemeinen wird sich korrigierend hinzufügen lassen, daß die Entscheidung, wann auswärtige Angelegenheiten spruchreif seien, wohl am besten in die Hand der Regierung zu legen ist, denn ihr muß man zuerst die Fähigkeit zusprechen, die internationale Lage zu überblicken und daher ein Urteil zu fällen.

Auch was die internen Angelegenheiten eines Staates anlangt, wird es nicht jederzeit wünschenswert sein, sie vor der Öffentlichkeit zu besprechen und zu glossieren; ein Mittelweg zwischen den parlamentarischen Ansprüchen auf Kontrolle und den praktischen Bedenken, diese immer rückhaltslos zu gewähren, läge in der Ausgestaltung des Fragerechtes von Kommissionen, deren Mitgliederzahl enger begrenzt und deren allenfalls wünschenswerte Diskretion nicht allzuschwer zu erzielen ist; davon wird noch die Rede sein.

Bei diesen Erörterungen handelt es sich zuvörderst um eine Frist zur Erteilung materieller Antworten und die

---

[1] Pierre, a. a. O., S. 801.

bloße Äußerung, eine Angelegenheit eigne sich noch nicht zur offiziellen Diskussion, wird auch bei kritischen Fragen schwerlich die Lage verwirren.

In jenen Parlamenten allerdings, welche auch Debatten über negative Antworten des Interpellierten kennen, kann durch unzeitgemäße Besprechungen immerhin Unheil gestiftet werden.

Es hängt eben immer und jederzeit von der Einsicht, dem Takte und dem guten Willen einer Kammer ab, ob sie die ihr zugewiesenen Aufgaben zum staatlichen und politischen Nutzen auszuführen bestrebt ist oder nicht. Eine Befristung der Äußerungspflicht wird dort erklärlich sein, wo ein chronisches Mißtrauen zwischen Regierung und Parlament Platz gegriffen hat, wo eine Regierung sich ihrer Stellung im konstitutionellen Staate wenig bewußt ist, oder wo die Kammern auf Kosten der Staatsraison die eigene Machtsphäre zu erweitern suchen; die Befristung wird dort zur Notwendigkeit, wo sie ein Zwangsmittel für das Haus selbst enthält, Interpellationen verhandeln zu müssen, die es sonst durch Hinausschieben der Diskussion begraben könnte, und die Befristung wird schließlich unbedenklich und einwandfrei sein, falls sie in einem Parlamente geltende Norm ist, dessen politische Einsicht durch Beachtung der Lehren der Vergangenheit und Jahrhunderte langer Erfahrungen vertieft wurde.

Wenn wir historisch das Interpellationsrecht überblicken, fällt es auf, daß es im englischen Parlamente aus einfachen Anfragen der Mitglieder an die Regierung entstand. Auf dem Kontinente begann es in Frankreich mit dem Dekret der Constituante[1] vom 21. Juli 1791, das den Ministern die Pflicht auferlegte, der Deputiertenkammer Auskunft zu erteilen. Seine Ausbildung und Verallgemeinerung in und für die verschiedenen parlamentarischen Kollegien vollzog sich allmählich, erlitt mancherlei Hemmungen und so folgte

---

[1] Pierre, a. a. O., S. 790 f.

z. B. in Frankreich auf eine Blüteperiode der Interpellationen im Jahre 1848 ihr vollständiges Verschwinden vier Jahre später und über ein Jahrzehnt währte diese interpellationslose Epoche; inzwischen bildeten sich allerdings Informationsaushilfsmittel als Surrogate, doch eigentliche Interpellationen waren unstatthaft, gesetzwidrig. Interessant sind die Äußerungen Mohl's und Mittermaiers aus den Jahren 1829 bezw. 1838 über das Interpellationsrecht; sie beweisen dessen embryonales Dasein in den Ständekammern der deutschen Staaten. Mohl[1] schreibt: „Mit den einzelnen Ministerien kommunizieren die Kammern durch ihre Präsidenten. Dasselbe ist der Fall bei den landständischen Kommissionen, welche ebenfalls das Recht haben, mit den betreffenden Ministerien Rücksprache zu nehmen. . . . Es handelt sich hier um bloße Geschäftskommunikationen, in welchen kein definitiver Beschluß der Ständeversammlung oder der Regierung mitgeteilt, sondern z. B. nur die Mitteilung von Urkunden oder von faktischen Verhältnissen verlangt werden soll . . .“ Und Mittermaier[2]: „Über das Recht der Mitglieder durch Fragen an die Minister . . . irgend einen beliebigen Gegenstand, der nicht auf der T.O. steht, zur Sprache zu bringen, erklären sich die Geschäftsordnungen nicht oder nur sehr ungenügend.“ Es folgt nun ein Hinweis auf England und Frankreich, die zur Zeit hierin weiter vorgeschritten waren, dann fährt der Autor fort: „Daß der gefragte Minister nicht genötigt werden kann, eine Frage zu beantworten, versteht sich; eigenes Interesse wird ihn oft antreiben, zu antworten, damit nicht sein Schweigen als Zugeständnis oder als Schwäche ausgelegt werde. Solche improvisierte Fragen und Äußerungen . . . haben für sich, daß dadurch oft andere, sonst durch eigentliche Motionen weitläufige förmliche Verhandlungen ab-

---

[1] Mohl, Das Staatsrecht des Königreichs Württemberg, I, S. 579 und 585.

[2] Mittermaier, in Welker's Staatslexikon, S. 629, im Abschnitte „Geschäftsordnung“.

geschnitten werden, und daß oft momentane Ereignisse Anfragen und Bemerkungen im Interesse des Volkes fordern können."

Die Entwicklung der Parlamente machte zwar solche primitive und uns selbstverständliche Begründungen des Interpellationsrechts überflüssig, brachte es jedoch auch mit sich, daß der Ausübung des Rechtes gewisse Schranken gesetzt werden mußten, wenn nicht durch überflüssige Anfragen Zeit und Geduld der Kammermitglieder über das nötige Maß hinaus in Anspruch genommen und der normale Geschäftsgang nicht fortwährend gestört werden sollte. Die verschiedenen Kollegien schützten sich nun auf verschiedene Art und Weise gegen einen Mißbrauch des Interpellationsrechts und alle waren bestrebt, neben der theoretischen und praktischen Anerkennung der Interpellationen doch auch hemmende Regeln zu schaffen, die eine rücksichtslose oder die parlamentarischen Arbeiten gefährdende Ausnützung des Rechts zu verhindern geeignet schienen. Dafür gab es mancherlei Mittel, die zum Teil historisch zu erklären sind.

Fürs erste kommen in Betracht die **Bestimmungen über den Interpellanten.** Sie enthalten folgende drei Gruppen:

a) ein einzelnes Mitglied interpelliert;

b) eine gewisse Anzahl von Mitgliedern ist zuständig, Interpellationen einzubringen;

c) die Kammer, bezw. die Kammermehrheit, interpelliert.

a) Dies finden wir klar in England verwirklicht. Das Interpellationsrecht ist hier am individuellsten, doch werden wir auf seine Beschränkungen, die es durch die Fixierung der Ausübung auf eine gewisse kurzbemessene Zeit und durch die Einbürgerung der schriftlichen Antwort erfährt, erst im folgenden zu sprechen kommen und hier nur darauf hinweisen, daß Mißstände, die durch die liberale Einführung, jedem E i n z e l n e n die Interpellationsmöglichkeit zu gewähren, aufkeimen könnten, durch verschiedene Präventivmaßregeln verhindert werden sollen [1].

b) Auch im D.R.T. dem österr. R.R. und dem preußischen Landtage ist anscheinend ein einziges Mitglied allein der Interpellant, aber es bedarf der schriftlichen Unterstützung einer gewissen Anzahl von Kollegen (9—29), wodurch tatsächlich erst beim Vorhandensein von 10—30 Interessenten dieser Minderheit die Möglichkeit zu interpellieren gegeben ist [2].

Daß in der Theorie nur ein Interpellant vorhanden ist, dem eine Gruppe anderer Mitglieder nur ihre Unterstützung verleiht, äußert sich in der Praxis darin, daß er — ein primus inter pares — bei der Behandlung der Interpellation im Hause eine bevorzugte Stellung als Redner einnimmt.

Was diese Interpellation durch Gruppen anlangt, so erzielt sie den angestrebten Erfolg einer wünschenswerten Beschränkung der Anfragen auf wichtige Angelegenheiten — da man nur für solche die genügende Anzahl unterstützender Interessenten erwarten zu können glaubte — tatsächlich nicht immer. Der Parteiverband und die kollegiale Kourtoisie versagten, wo das Interpellationsrecht im Vereine mit anderen parlamentarischen Institutionen verwahrloste, wohl selten einem unterstützungsuchenden Interpellanten ihre Mithilfe; wo aber Interpellationen von sich ihrer Stellung bewußten Mitgliedern streng technisch gehandhabt werden, scheint eine derartige Beschränkung überflüssig, da im allgemeinen eine Selbstbeschränkung des Einzelnen zu erwarten ist.

---

[1] Zwischen den „einfachen Anfragen“ und den eigentlichen Interpellationen kommen in Frankreich die auch dem einzelnen Mitgliede zustehenden questions adressées aux ministres in Betracht, doch werden sie aus bestimmten später näher zu erörternden Gründen nicht hier, sondern im nächsten Abschnitte besprochen. Vergl. auch Schollenberger, Grundriß des Staats- und Verwaltungsrechtes der schweizerischen Kantone 1900; I. Bd. S. 205, wonach in den meisten Kantonen ein einzelnes Mitglied interpellieren kann; eine Interpellationsdebatte ist nicht zulässig.

[2] Im österr. Abgh. schwankte die zu einer Interpellation notwendige Anzahl unterstützender Abgeordneter seit dem Jahre 1861 zwischen 15 und 20; ein neuerlicher Vorschlag wollte sie auf 30 erhöhen.

c) Von dem Gesichtspunkte ausgehend, daß die einer Kammer zustehenden Rechte durch die Kammermehrheit als Verkörperung des Willens der Kammer ausgeübt werden sollen, gelangte man in Frankreich von der Interpellation Einzelner dahin, daß heute der Einzelne nur mehr gewissermaßen den Vorschlag macht, das Haus möge interpellieren und dieses setzt den Tag für die Erledigung der Anfrage fest[1]. In der preußischen zweiten Kammer[2] stand eine ähnliche Regel — über die Zulassung der von 31 Mitgliedern unterzeichneten Interpellation entschied das Haus ohne Debatte — im Jahre 1849 einige Monate in Kraft; in Dänemark kann jedes Reichstagsmitglied mit Genehmigung des Thinges, dem es angehört, jede öffentliche Angelegenheit zur Verhandlung bringen und eine Erklärung darüber von Seite des Ministers verlangen. Ebenso muß in Holland[4] jedes Mitglied, das zu interpellieren wünscht, die Erlaubnis der Kammer dazu einholen. Eine strenge Interpretation des § 21 Ges. ü. d. R.V. müßte auch in Österreich dazu führen, daß nur ein Haus als solches interpelliert, aber das G.O. Gesetz nahm eine andere Auslegung der Verfassungsbestimmung vor.

Entschieden ist durch eine Interpellationsmöglichkeit, die nur der jeweiligen Mehrheit sicher gewährleistet, qualifizierte Anfragen an die Minister zu stellen, die Minorität stark beeinträchtigt und ihr ein wichtiger Kontrollbehelf nur unter der Bevormundung der Majorität zugestanden. Wie sich diese zu ihr unangenehmen oder für

---

[1] Obschon die Kammer alle Anfragen über die innere Politik binnen vier Wochen nach ihrer Einbringung auf die T.O. stellen muß, so hat sie gleichwohl die Möglichkeit, ihr genehme Interpellationen zu bevorzugen, da die Reihenfolge der Behandlung von dem Ermessen des Hauses abhängt und die seit einiger Zeit eingeführte Beschränkung der den Interpellationen gewidmeten Tage an ungünstiger Stelle angesetzte Anfragen nicht oder erst verspätet zur Erledigung kommen läßt. S. a. bes. Teil: Frankreich.

[2] Plate, a. a. O., S. 118 f.

[3] Goos und Hansen, das Staatsrecht des Königreichs Dänemark 1889, S. 70.

[4] Hartog, das Staatsrecht des Königreichs der Niederlande, 1886, S. 38.

sie interesselosen Fragen stellt, hängt sehr von der parlamentarischen Sitte und Kourtoisie ab.

Vorschriften, wonach Interpellationen schriftlich eingebracht werden müssen, um dann verlesen oder in Druck gegeben und an die Mitglieder verteilt zu werden, bezwecken erst in zweiter Linie den Schutz des Hauses gegen Mißbräuche und fördern vor allem die Beschleunigung und Vereinfachung des Verfahrens. Der Interpellierte bekommt dadurch die Anfrage in authentischer Fassung in die Hand und kann die Antwort, gestützt auf sein Material, durcharbeiten oder durcharbeiten lassen, während rein mündliche Anfragen Mißverständnisse mancher Art nach sich ziehen können, die weder wünschenswert sind, noch einem regelmäßigen Geschäftsgange zuträglich. Ferner hat die Schriftlichkeit der Interpellationseinleitung für jene Kammern noch eine besondere Bedeutung, wo dem Präsidenten das Recht zusteht, Interpellationen, die dem Gesetze oder der Sitte widersprechen, zurückzuweisen. Widerspruchslos gilt dieser Usus in Frankreich und England und galt im Jahre 1849 für die zweite preußische Kammer.

Die Kritik des Präsidenten erstreckt sich zuerst auf die Verfassungsmäßigkeit der Anfragen; es handelt sich darum, ob durch sie nicht der Wirkungskreis des Hauses überschritten wird. Aber selbst wenn sie in diesem Sinne verfassungsmäßig, wenn die Grundlage der Interpellation die Eignung hat, im Parlamente zur Sprache zu kommen, kann es noch immer möglich sein, daß ihre Form den gestellten Ansprüchen nicht entspricht. Wie weit solche Formvorschriften gehen können, ist z. B. in England zu ersehen und wird im besonderen Teile zur Darstellung gelangen.

Es versteht sich eigentlich von selbst, daß, da Verletzungen des Anstandes und der Sitte durch Verlesung, Niederschrift oder Drucklegung nicht entschuldbarer werden, als wenn sie nur improvisierte Ausflüsse einer plötzlichen Erregung sind, derartige Unziemlichkeiten ebenso unter die Disziplinargewalt des Vorsitzenden eines parlamentarischen Kollegiums zu fallen hätten, wie Ungehörigkeiten in einer Rede oder bei Zwischenrufen.

Gleichwohl beziehen sich die Bestimmungen über eine „gröbliche Verletzung der Ordnung" im D.R.T. (G.O., § 60 ff.) ihrer ganzen Fassung nach nur auf tätliche und verbale; aber aus der Stellung, die der Präsident gemäß § 13 G.O. einnimmt („Dem Präsidenten liegt ... die Handhabung der Ordnung . . . ob") wird mit Recht gefolgert werden können, daß er auch solche Verletzungen der Ordnung, die durch Schriftstücke erfolgten, disziplinariter zensurieren kann.

Mit bezug auf die mangelnde Disziplinargewalt der Vorsitzenden der beiden Häuser des österr. R.R. über den Inhalt von Interpellationen sagt der Bericht der Spezialkommission des Herrenhauses[1]: „Als eine Anomalie und als eine Lücke der geltenden Geschäftsordnungen stellt es sich dar, daß der Präsident . . . zwar mit bezug auf die Reden der Mitglieder das Recht des Ordnungsrufes und der Entziehung des Wortes besitzt (G.O. des Abgh., § 57, vergl. G.O. des H.H., § 46), hingegen nach der derzeit herrschenden Auffassung mancher Faktoren jeder disziplinaren Gewalt gegenüber dem Inhalt und dem Wortlaut selbst solcher Interpellationen entbehren soll, welche den Tatbestand strafbarer Angriffe gegen Personen oder strafrechtlich geschützte Institutionen begründen oder gröbliche Verletzungen des Anstandes und der Sitte enthalten." Anschließend daran wird empfohlen, dem Präsidenten ein Zensurrecht über den Inhalt von Interpellationen ausdrücklich zuzusprechen und dabei auf Art. 43 der G.O. des belgischen Repräsentantenhauses hingewiesen, wo es ohne Unterscheidung von Reden und Interpellationen seit 1897 heißt: „Le président peut faire supprimer des ‚Annales parlementaires' et du ‚Compte rendu analytique' les paroles contraires

[1] Bericht des H.H., S. 5.

à l'ordre ou celles qui auraient été prononcées par un membre qui n'avait pas la parole." Nach dem Vorschlage der Spezialkommission wäre § 12 des G.O. Gesetzes unter anderem folgendermaßen abzuändern: „Enthält eine Interpellation nach dem Urteile des Präsidenten entweder eine gröbliche Verletzung des Anstandes oder der Sitte oder eine Äußerung, welche den Charakter der Strafwürdigkeit annimmt, so hat er den betreffenden Teil der Interpellation sowohl von der Eintragung in das Buch und der Drucklegung, als von der Verlesung im Hause auszuschließen" [1].

Übrigens machten schon bisher mehrere Vorsitzende des österr. Abgh. in Anwendung ihrer Disziplinargewalt das Recht auf Zensur auch bezüglich Interpellationen geltend [2].

Jedenfalls ist mit einer Ausdehnung der präsidialen Ordnungsgewalt auch auf schriftliche Eingaben gewiß die Möglichkeit gegeben, einer gewissen Kategorie von Auswüchsen des Interpellationsrechts wirksam entgegenzutreten, doch — ohne einem übertriebenen Minoritätenschutz das Wort zu reden und die Majorität kann sich immer selbst helfen — setzen derartige Bestimmungen einen taktvollen und einsichtigen Präsidenten voraus, der unparteiisch von seinen Rechten Gebrauch macht. Dem „Speaker" wird dies fast allgemein und jederzeit nachgerühmt, doch selbst hier macht vorher der Clerk des Hauses, ohne selbst eine Entscheidung zu fällen, auf Unzulässigkeiten in der eingebrachten Interpellation aufmerksam. Es ist nicht immer leicht, zwischen einer „berechtigten Kritik" und dem, was in Geschäftsordnungen ein wenig verschwommen „gröbliche Verletzung des Anstandes und der Sitte" genannt zu werden pflegt, zu scheiden, und zu Zeiten großer Parteikämpfe und in Tagen entfesselter politischer Leidenschaften mag der Präsident — ungewollt — in den Wirbel des Streites gerissen werden, was gerade für die Zensur an Inter-

---

[1] Vergl. Regierungsvorlage, S. 5, § 12a.
[2] Regierungsvorlage, S. 23f.

pellationen um so unerwünschter erscheint, da ja die Interpellationen ein hervorragendes Mittel der Kontrolle sind, dessen eminente Bedeutung in mancher Verfassung und in allen parlamentarischen Kollegien anerkannt wird. Zum mindesten müßte der Entscheidung des Präsidenten in der G.O. ein klareres Prinzip der „Ungehörigkeit" zugrunde gelegt werden und gegen das präsidiale Urteil ein Appell an das Plenum offenstehen.

Die Epoche des rapid zunehmenden Verkehres, von der wir nicht wissen, ob wir uns in ihrem Anfangsstadium befinden, oder vorderhand wenigstens, schon auf jener Entwicklungsstufe, die mit den heute gegebenen Mitteln keine erhebliche Beschleunigung des Verkehrs mehr erzielen kann, brachte es im Verein mit den mannigfachen gesteigerten technischen Möglichkeiten dazu, daß gewisse Arbeiten mit einer noch vor wenigen Jahrzehnten kaum geahnten Raschheit geleistet werden können; aber anderseits gibt es auch Tätigkeitsgebiete, deren Inhalt in fortwährendem Anwachsen begriffen ist, ohne daß die Entdeckungen und Erfindungen der Moderne im gleichen Maße in der Darbietung beschleunigender Hilfsmittel zur Bewältigung Schritt gehalten hätten.

So wächst das Arbeitsfeld und die nötige Arbeitsintensität der staatlichen Aktionen und gerade was den auf die Parlamente entfallenden Teil derselben betrifft, bietet die ausgebaute Technik hier nur wenige Neuerungen, die eine schnellere Erledigung des zunehmenden Arbeitspensums ohne Beeinträchtigung der Genauigkeit und Präzision der Tätigkeit und ohne Beeinträchtigung der Güte des Resultats gestatten. Einerseits folgt daraus die anschwellende Bedeutung der Regierung mit ihrem stets steigerungsfähigen Beamtenapparat, anderseits das entschiedene Begehren der Kammern, die Zeit überall dort zu sparen, wo sie bisher anscheinend oder tatsächlich überreich zugemessen war.

Zahlreiche Bestimmungen legen für dieses Bestreben

Zeugnis ab; auch dem Interpellationsrecht sucht man Zügel anzulegen, um Zeit für andere parlamentarische Geschäfte zu sparen. Solchen Zügelungen dienen mancherlei Regeln, die auch andere Zwecke verfolgen, aber als diesbezüglich typische Institutionen sind zwei zu nennen: zur Entwicklung der Interpellationen wird nur an einem bestimmten Termin oder innerhalb einer bestimmten Frist Gelegenheit gegeben und die mündliche Antwort wird durch eine schriftliche Erledigung ersetzt.

Die zeitliche Begrenzung der Interpellationsbehandlung wird nicht in allen parlamentarischen Kollegien angestrebt, sondern nur in jenen, die durch eine zunehmende Anfragenzahl ein Verkümmern der andern ihnen obliegenden Arbeiten zu befürchten haben.

Im englischen Unterhause gelangen Interpellationen nur am Montag, Dienstag, Mittwoch und Donnerstag zur Entwicklung, und zwar ist ihnen jedesmal bloß eine Zeit von 45 Minuten reserviert[1]; provisorische Bestimmungen in der französischen Deputiertenkammer und Art. 33 der im Jahre 1901 revidierten G.O. des belgischen Repräsentantenhauses lassen ihre Behandlung in der Regel nur an einem Tage der Woche zu[2] und schon seit 1890 sind in der II. Kammer des italienischen Parlamentes ebenfalls nur 40 Minuten an jedem Sitzungstage den Interpellationen und Anfragen und überdies 5 Minuten für die Replik auf die Antwort des Ministers zugesprochen[3]. Wenn bisher weder der D.R.T. noch das preußische Abgh. solche Beschränkungen für sich vornahm, so kommt dies daher, daß beide Kollegien noch keinen Grund fanden, die den Interpellationen gewidmete Zeit mit Beunruhigung wahrzunehmen. Für das österr. Abgh. mit seiner chronischen Obstruktion, von der es fraglich ist, ob sie auch noch nach Einführung des allgemeinen Wahlrechts fortdauern wird, brachte zwar kein

[1] Standing Order IX; vergl. auch besonderen Teil: England.
[2] Pierre, a. a. O., Supplement 1906, S. 337 ff.; 341.
[3] Brusa, a. a. O., S. 491, Anm. 2.

Geschäftsordnungsvorschlag eine hier charakterisierte Zeitbeschränkung, doch finden sich in den verschiedenen Abänderungsentwürfen Hinweise auf derartige in andern Parlamenten übliche Regeln, die beweisen, daß der Gedanke einer zeitlichen Grenze für die Behandlung qualifizierter Anfragen wenigstens in Erwägung kam [1].

Gegen eine klug berechnete und nicht zu engherzige Terminisierung läßt sich Erhebliches, das mit Hinblick auf die große Zeitersparnis in Betracht käme, kaum einwenden, aber immerhin kann sie dazu führen, daß, falls die festgesetzte Zeit zur Erledigung der Interpellationen nicht ausreicht, ein Großteil derselben unbeantwortet bleiben müßte, der gewöhnlich mit dem Schluß der Session begraben würde [2]. Dem abzuhelfen sind schriftliche Antworten in Anwendung gekommen, um das mündlich nicht Erledigte auf diese Weise aufzuarbeiten.

Mit der **Schriftlichkeit der Interpellationsbeantwortung** ist ein neues Problem aufgestellt.

Noch im Jahre 1877 konnte im preußischen Abg.H. auf die obligate Mündlichkeit der Interpellationsbehandlung im englischen Parlamente hingewiesen und erklärt werden, Interpellationen stellen sich dar — im Gegensatz zu dem in der Budget- und Rechnungskommission üblichen schriftlichen Auskunftverfahren — als mündliche Verhandlung zwischen dem Interpellanten und der Regierung [3]. In diesem Punkte änderte sich verschiedenes. Das englische Unterhaus erlebte in einer Session über 7000 Interpellationen und dadurch acquirierte die mündliche Prozedur den Todeskeim; ihre Nachfolgerin war die Schriftlichkeit. Die mündliche Erledigung gilt nur mehr als Ausnahmsfall, wenn der Inter-

---

[1] Vergl. Bericht d. H.H., S. 4; ferner Bericht d. Abgh., S. 14 mit einer etwas unklaren Verbindung von „Interpellationen“ und „Schwerinstag“ bezüglich des D.R.T.

[2] Über einschlägige Schwierigkeiten in der französischen Deputiertenkammer, s. Pierre, Supplement 1906, S. 337 ff.

[3] Sess. 1877/78, Sitzg. 18, S. 441, Sitzg. 28, S. 709 f.; vergl. Plate, a. a. O., S. 122.

pellant sie fordert, die Antwort noch innerhalb der für Interpellationen zugemessenen Zeit fällt, oder sonst beachtenswerte Umstände in Betracht kommen. Auch in Dänemark können die Minister schriftlich antworten[1].

Die Regierungsvorlage[2] wollte für den österr. R.R. ebenfalls die Schriftlichkeit der Beantwortung als das normale fixieren, doch sollte es den Mitgliedern der Regierung (nicht den Mitgliedern der Kammer!) vorbehalten bleiben, auch den Weg der mündlichen Erledigung zu wählen[3]. Der Bericht der Spezialkommission des H.H.[4], schlug für das Interpellationsverfahren, sowohl für die Einbringung der Anfragen, wie für den weiteren Prozeß einen schriftlichen Gang vor, aber immerhin könnten 25 Mitglieder im Herrenhause, beziehungsweise 50 im Abgeordnetenhause eine Verlesung der Interpellation und eine verbale Beantwortung durchsetzen.

Schwere Bedenken lassen sich gegen das schriftliche Verfahren, dem auf andern Gebieten mit Recht energisch entgegengearbeitet wird, erheben. Natürlich werden sie nicht in allen Kammern gleich gewichtig sein, sondern sehr von deren sonstigen Institutionen, Sitten und Gebräuchen abhängen. Gewiß ist nur, daß das Kontrollmittel der Interpellationen dadurch aus dem Kreis der Öffentlichkeit gerückt wird und eine Abschwächung erfährt, die besonders in der Erschwerung einer folgenden Interpellationsdebatte zutage tritt, wie auch im englischen Parlamente eine Diskussion über die ministerielle Äußerung ausgeschloßen ist.

Wenn die Zukunft die Tätigkeit der parlamentarischen Kollegien noch weiterschreitend zu einer überwiegend kontrollierenden ausgestaltet, dann wird möglicherweise die Mündlichkeit im Interpellationsverfahren wieder zurückkehren,

---

[1] Goos und Hansen, a. a. O., S. 48.

[2] Regierungsvorlage, S. 5; 23.

[3] Mündliche oder schriftliche Antworten je nach Belieben des interpellierten Ministers, läßt Art. 22 des Ges. vom 17. Juni 1874, die landständische Geschäftsordnung betreffend, in Hessen zu.

[4] Bericht des H.H., S. 4; 16.

beziehungsweise erhalten bleiben, wenn die Zukunft dagegen nicht mehr die Tendenz zeigt, die wir heute auf parlamentarischem Gebiete wahrzunehmen glauben, so wird es von der weisen Selbstbeschränkung der Parlamente und ihrer Mitglieder abhängen, ob sie durch eine kluge Mäßigung nur wenige und wichtige Angelegenheiten zur Sprache bringen und diesen das gesprochene Wort vorbehalten, oder ob sie durch ein Überschwemmen mit nebensächlichen Anfragen die Notwendigkeit beweisen, die Zeit für andere Arbeiten durch eine schriftliche Behandlung der Interpellationen freizumachen.

Eine weitere bereits angedeutete Folge muß die Schriftlichkeit der Antwort unbedingt nach sich ziehen: Sie schließt eine weitere Debatte so gut wie aus.

Würden die Interpellationen reine Informationsinstrumente sein, so wären sie mit der Äußerung der Regierung beendet, und nur falls diese keine genügende Aufklärung gäbe, wäre Anlaß für weitere Fragen vorhanden, um eine befriedigende Auskunft zu erhalten. Da jedoch die qualifizierten Anfragen in erster Reihe ein Kontrollmittel sind, das einen kritischen Charakter trägt, so werden die Kammern danach streben, zur Behandlung der Interpellation durch den Minister Stellung nehmen zu können, über dessen Handlungen und Haltung zu diskutieren und allenfalls durch Einbringung, Annahme oder Ablehnung von Anträgen auszusprechen suchen, ob sie der Interpellierte durch seine Äußerung befriedigte oder nicht. Wo die G.O. die Möglichkeit giebt, der ministeriellen Antwort eine Debatte folgen zu lassen, kann sie nicht der Einzelne nach seinem individuellen Belieben inaugurieren, sondern sie ist von einem dahingehenden Antrag einer größeren Anzahl von Mitgliedern, allenfalls von einem Mehrheitsbeschluß des Hauses abhängig gemacht[1].

---

[1] G.O. D.R.T., § 33, des preuß. Abgh., § 34, des österr. Abgh. § 69; vergl. auch Brusa, a. a. O., S. 166 u. a.

Im englischen Unterhause war eine Interpellationsdebatte seit jeher geschäftsordnungsmäßig ausgeschlossen, im Oberhause ist eine solche nicht durchweg untersagt. Vom Jahre 1849—1862 entbehrte auch die preußische zweite Kammer der Möglichkeit einer Besprechung der ministeriellen Antwort. Selbstverständlich kann der Interpellationsgegenstand, wie dies manche Geschäftsordnungen [1] ausdrücklich bemerken, in Form eines selbständigen Antrages weiter verfolgt werden, was von besonderer Bedeutung auch dort ist, wo zwar eine Interpellationsdebatte gestattet, aber es unzuläßig ist, diese mit einem darauf bezüglichen Antrag und einem Beschlusse zu beenden. Eine solche Motion unterliegt der gewöhnlichen geschäftsmäßigen Behandlung, die gegebenenfalls als „dringliche" beschleunigt zu werden vermag [2]. Eine Diskussion auch ohne folgenden Beschluß ist geeignet, Unklarheiten zu beseitigen, politische Wirkungen zu erzielen, aber auch eine beklagenswerte Zeitverschwendung zu begünstigen.

Wie schon erwähnt, untersagen es manche Geschäftsordnungen ausdrücklich und bestimmt, die Besprechung einer Interpellation durch Stellung und Erledigung eines Antrages abzuschließen [3].

Manche Parlamente dagegen gestatten eine **Beschlußfassung am Ende der Besprechung.** In der französischen Deputiertenkammer können Interpellationen durch die Annahme einer Tagesordnung beendet werden [4]; ähnlich ist das für Holland geregelt [5].

Damit hat jederzeit das parlamentarische Kollegium die Macht, dem Ministerium oder Einzelnen seiner Mitglieder bezugnehmend auf eine rechtlich, politisch oder sozial rele-

---

1 G.O. D.R.T., § 33, G.O. preuß. Abgh., § 34.

2 Vergl. u. a. auch Schollenberger, a. a. O., I. Bd., S. 205.

3 Vergl. u. a. im besonderen Teile das über den D.R.T., den preuß. Landtag und den österr. R.R. Gesagte; desgl. s. Aschehoug, a. a. O., S. 62 für Schweden.

4 Lebon, das Staatsrecht der Republik Frankreich, 1886, S. 72

5 Hartog, a. a. O., S. 41.

vante Frage und Antwort, sein Vertrauen oder Mißtrauen unzweideutig auszusprechen. Einerseits wächst dadurch der kontrollierende Einfluß des Parlamentes, anderseits können kleine Augenblicksdifferenzen und momentane Verstimmungen unsinnig weite Kreise ziehen.

Der Bericht des Geschäftsordnungsausschusses, der für das österr. Abgeordnetenhaus die Zuläßigkeit eines Antrages im Anschluß an die Interpellationsdebatte in Vorschlag brachte, äußerte sich u. a. folgendermaßen[1]: „Nach der geltenden Vorschrift durfte auch dann, wenn das Haus die Debatte über eine Interpellationsbeantwortung beschloß, bei dieser Besprechung kein Antrag gestellt werden. Somit kamen innerhalb der Debatte wohl die Anschauungen einzelner Mitglieder, aber nicht die Auffassung des Hauses zum Ausdruck. Und doch kann es bei Interpellationen über wichtige politische Vorgänge von großer Bedeutung sein, zu erfahren, ob die Mehrheit des Hauses mit dem von der Regierung vertretenen Standpunkte übereinstimmt oder diesen Standpunkt mißbilligt. In dieser Erwägung empfiehlt der Ausschuß, bei dem erwähnten Anlasse die Stellung des Antrages zu gestatten: ‚Das Haus nehme die Beantwortung der Interpellation zur Kenntnis', oder des Antrages, das Haus nehme diese Beantwortung nicht zur Kenntnis."

Mit der Darlegung der wichtigsten Ausschmückungen die das materielle Interpellationsrecht formell in den einzelnen Kammern erfährt, kann hiermit geschlossen werden. Unbeachtet blieben nebensächliche formale Bestimmungen, die zum Teil aus dem „besonderen Teile" zu entnehmen sind, der auch mancherlei Wiederholungen bringen muß, um die monografische Darstellung des Interpellationsrechts in speziellen parlamentarischen Kollegien ohne störende Lücken geben zu können.

Damit die Institutionen, die darauf abzielen, durch Ver-

---

[1] Bericht des Abgh., S. 24, s. auch S. 36.

klausulierung des qualifizierten Anfragerechtes Zeit zu gewinnen und Störungen der regelmäßigen Arbeiten zu vermeiden, für die Praxis richtig gewürdigt werden, möge daran erinnert werden, daß bisher außer den drakonischen Bestimmungen, obstruierende oder sonst störende Abgeordnete aus dem Hause zu entfernen, kaum eine gegen zeitvergeudende Bestrebungen gerichtete Regel einer entschlossenen, skrupellosen auch kleinen Minorität gegenüber, die um jeden Preis den Lauf der Verhandlungen ernstlich hemmen wollte, den gewünschten Erfolg erzielte. Nur der mehr gedankenlosen menschlichen Schwäche, in Überschätzung der eigenen oder vertretenen Angelegenheiten weitschweifig die Geduld und die Zeit anderer in Anspruch zu nehmen, wird durch einschränkende Geschäftsordnungsregeln ein wirksamer Riegel vorgeschoben.

5. Dem Interpellationsrecht ähnliche Institutionen.

Wenn im Abschnitte „Wesen und Zweck des Interpellationsrechtes“ gesagt wurde: „Es gibt in jedem Parlamente ein besonders qualifiziertes Frageverfahren von Mitgliedern der Kammer oder von der Kammermehrheit an einen genau bestimmten Personenkreis“ und dieser später zusammenfassend als „Regierung“ bezeichnet wurde, so darf das nicht etwa so verstanden werden, daß überall Interpellationsinstitutionen vorhanden sind. Solche, im kontinentalen Sinne, fehlen dort, wo eine strengere Durchführung des Prinzips der „Gewaltentrennung“ den Vertretern der Executive untersagt, in den parlamentarischen Kollegien zu erscheinen. Das war in manchen Stadien der französischen Verfassungsentwicklung der Fall und gilt heute noch für die Union [1]. Hier finden zwischen dem Repräsentantenhause

[1] Vereinzelt, doch chronologisch weit zurückliegend, sind allerdings Fälle verzeichnet, daß sich Minister im Senate eingefunden hatten, sowie, daß an sie Vorladungen zu mündlichen Verhandlungen ergingen. Vergl. Holst, das Staatsrecht der Vereinigten Staaten von Amerika, 1885, S. 50 ff.

und den Staatssekretären, die den Exekutiv-Departements vorstehen, schriftliche Verhandlungen statt, woran grundsätzlich der Umstand nichts ändert, daß an Stelle des Plenums seine Komitees mit ihren Vorsitzenden den Verkehr mit der Exekutive fast ausschließlich zu besorgen beginnen[1]. Ob sich Interpellationen an diese „Vorsitzende“ (als „Minister zweiten Grades“) einbürgern werden, muß dahin gestellt bleiben. Den Übergang von dem auf französischem Vorbilde fußenden Interpellationsverfahren mit seiner flüssigen Handhabung zum schwerfälligen Systeme der Union bilden die Questions im englischen Parlamente[2].

Neben den eigentlichen Interpellationen kommen in den verschiedenen Kammern noch „einfache Anfragen“ vor. Auf sie, die im Laufe der Verhandlung, bezugnehmend auf den Verhandlungsgegenstand, an die Regierung gestellt werden, wurde bereits verschiedentlich hingewiesen; zumeist bedürfen sie keiner besonderen Vorbereitung und keiner bestimmten Form, doch giebt es auch hierin Abweichungen. In Italien sind Anfragen, auch mehrere Einzelfragen enthaltend, schriftlich abzufassen, wenn sie mit „ja oder „nein“ zu beantworten sind, also etwa über die Wahrheit oder Unwahrheit einer Tatsache Erkundigungen einziehen[3].

Eine besondere Mittelstellung zwischen den „einfachen“ und den „qualifizierten“ Anfragen (Interpellationen) an die Minister nehmen in Frankreich die sogen. Questions adres-

---

[1] Vergl. Jellinek, Verfassungsänderung und Verfassungswandlung, S. 46 f.

[2] Der republikanische Bundesstaat auf demokratischer Grundlage in Europa — die Schweizerische Eidgenossenschaft — folgte in seiner Verfassung bezügl. der Informations- und Kontrollmittel nicht dem Beispiele des nordamerikanischen Schwesterstaates, sondern spricht im Verf. Art. 85, Abs. 11 der Bundesversammlung die Aufsicht über die eidgenössische Verwaltung (u. Rechtspflege) zu und regelt, soweit das vorliegende Problem dadurch betroffen wird, die Form der Aufsichtsdurchführung in Art. 102, Abs. 16, letztem Satze, folgendermaßen: „Er (der Bundesrat) hat auch besondere Berichte zu erstatten, wenn die Bundesversammlung oder eine Abteilung derselben es verlangt.“ Dadurch wird eine Interpellationsberechtigung begründet.

[3] Vergl. Brusa, a. a. O., S. 166 f.

sées aux ministres ein; ihr Gegenstand ist nicht auf die augenblickliche Verhandlungsmaterie beschränkt, aber sie müssen vom Minister genehmigt sein, werden am Beginn oder am Ende einer Sitzung verhandelt, und zu ihnen haben nur der Fragesteller und der Befragte das Wort. Die Umwandlung solcher Questions in Interpellationen ist durch den Usus genau geregelt[1].

Neben den dieser Arbeit zu Grunde gelegten Interpellationen an die Regierung oder an die Regierungsmitglieder existiert in manchen parlamentarischen Kollegien noch ein Frageverfahren, das in der G.O. (österr. R.R.), oder in der deutschen Literatur (für das englische Parlament) unpräzis ebenfalls als Interpellationsverfahren bezeichnet wird. § 67 G.O. des österr. Abg.H. sagt: „Jedem Abgeordneten steht das Recht zu, an den Präsidenten des Hauses, an die Vorsitzenden der Abteilungen und Ausschüsse Interpellationen zu richten . . .“[2]

Ebenso können im englischen Unterhause an den Speaker, den Leader der Opposition und solche Mitglieder des Hauses, die sonst an einem seiner Geschäfte beteiligt sind, Anfragen gestellt werden, aber nur in Betreff einzelner Geschäftsstücke oder der Geschäftsbehandlung[3].

Bei dieser Art Anfragen tritt der Charakter der Kontrolle hinter dem der bloßen Information zurück.

Von besonderer Bedeutung ist das „Kommissionen“ oder „Ausschüssen“ zustehende „Fragerecht“; es ist geeignet, solche Angelegenheiten, die im Plenum des Hauses, in Anwesenheit einer großen Anzahl von Abgeordneten — wenn

---

[1] Vergl. Pierre, a. a. O., S. 783 ff; Lebon, das Staatsrecht der Republik Frankreich, S. 72 f.

[2] Die vom Bericht des Abgh. vorgeschlagene „Schriftlichkeit“ derartiger „Interpellationen“ sollte nur auf Grund der „mangelhafteu Akustik des Beratungssaales“ und der dort „meist herrschenden Unruhe“ eingeführt werden. (Bericht des Abgh.. S. 23.)

[3] Vergl. May, a. a. O., 11. Ed. S. 247 ff; — Bezüglich der „Interpellation“ von Deputierten der II. Kammer Frankreichs, wenn es sich um Angelegenheiten handelt, die etwa in ihrer Stellung als „Beamte in ihr Ressort fallen“ vergl. Pierre, a. a. O., S. 804 f.

auch mit „Ausschluß der Öffentlichkeit" — nicht ohne schwere Bedenken besprochen werden können, in dem engen Kreis eines Ausschusses, dessen Verschwiegenheit und Diskretion allenfalls noch zu erzielen wäre, zu befriedigender Erledigung zu bringen. Materielle Antworten, welche die Regierung aus ganz bestimmten Gründen vor der breiten Öffentlichkeit zu geben sich scheut, können in Komitees erteilt werden.

Manche Gesetze oder Geschäftsordnungen sahen einem Fragerechte der Ausschüsse vor. So § 21 G. ü. d. R.V.: „Jedes der beiden Häuser des R.R. ist berechtigt ..... Kommissionen zu ernennen, welchen von Seiten der Ministerien die erforderliche Information zu geben ist . . ." [1]

Ein weiteres Informationsmittel mit inhärentem Kontrollcharakter schuf z. B. Art. 81 Abs. 3 der preußischen Verfassung dadurch, daß jede Kammer die an sie gerichteten Schriften an die Minister überweisen und von denselben Auskunft über eingehende Beschwerden verlangen kann; und § 35 G.O. des preuß. Abg.H. regelt das nähere Verfahren [2].

Auf alle mögliche Art und Weise suchten gesetzliche und G.O. Bestimmungen das Interpellationsverfahren zu ergänzen und dort, wo Interpellationen im eigentlichen Sinn des Wortes ausgeschlossen, untunlich oder zu schwerfällig sind, Surrogate zu finden, um vorhandenen Mängeln abzuhelfen, aber sie entbehren meist einer akzentuierten Präzision und Schärfe — und diesbezüglich nähern sich ihnen die „Interpellationen" jener Parlamente, in denen die Schriftlichkeit der Prozedur an Boden gewinnt.

---

[1] Vergl. auch § 28 Satz 3 des Gesetzes über die Österreich-Ungarn gemeinsamen Angelegenheiten; bezügl. eines schriftlichen Frageverfahrens der Kommissionen im preuß. Abgh.: Plate, die G.O. des preuß. Abgh., S. 119.

Ein Fragerecht des „Bürgerausschusses sieht Art. 60 [3] der Verfassung von Hamburg vor und Art. 63 [1] der Verfassung von Lübeck.

[2] Vergl. auch § 34 G.O. des D.R.T.

B. Besonderer Teil.

1. Preußen und das Deutsche Reich.

Die historische Erörterung irgend einer Geschäftsordnungsmaterie des Deutschen R.T. oder eines Problems, das auch nur teilweise seine G.O. streift, läßt sich nicht von der Einsichtnahme in den geschichtlichen Entwicklungsgang der Geschäftsführungsbestimmungen für das preuß. Abg.H. trennen, denn dessen selbständige G.O. ist es, die, wenn auch zum Teil abgeändert, doch in den Grundprinzipien gleich, über den verfassungsberatenden (24. Februar bis 17. April 1867) und den Reichstag des norddeutschen Bundes (getagt innerhalb des 10. September 1867 und des 10. Dezember 1870) auf den deutschen R.T. überging.

Erst vom 25. Februar 1867 an, dem Tage des Zusammentrittes des konstituierenden R.T. gehen die Ausgestaltung, die Entwicklung und Weiterbildung der G.O. des preuß. Abg.H. und der des späteren Deutschen R.T. getrennte Wege, doch wirkten die Gemeinsamkeit der Abstammung, gleichartige Bedürfnisse und Bedürfnisse nach Gleichartigkeit auf die Ähnlichkeit dieser Wege ein.

Was aber die voneinander dennoch abweichende Entwicklung der G.O. in den zwei parlamentar. Kollegien anlangt, so ist zu konstatieren, daß, trotz der vielfach differierenden Form der Änderungen, Neuerungen und Ergänzungen, die tatsächliche Übung innerhalb, neben und auch gegen das geschriebene Wort die unverkennbare Tendenz aufweist, über den trennenden Buchstaben hinweg die faktische Gleichheit oder Ähnlichkeit der Bestimmungen in ihrer Handhabung zu vermitteln.

Ein solcher „Ausgleich" kann bisher nicht beobachtet werden bezüglich der Regeln über die Anzweifelung der Beschlußfähigkeit eines Hauses, über die namentliche Abstimmung bei Schluß- und Vertagungsanträgen, die Disziplinarvorschriften, die namentlichen Zettelabstimmungen und die G.O.-Bemerkungen [1].

Selbstverständlich war es der Deutsche R.T. mehr, denn das preuß. Abg.H., der an seiner G.O. herummodelte, denn es galt bei ihm die für ein anderes Kollegium geschaffenen und aus diesem herausgewachsenen Regeln den eigenen, und, wie in jeder neuen Organisation, schwankenden Verhältnissen anzupassen.

Dagegen nahm das Abg.H. des preuß. Landtages seit über einem Vierteljahrhundert keine nennenswerten Veränderungen vor — das Haus und seine G.O. traten, vorderhand wenigstens, in das Stadium innerer Konsolidierung.

Was nun speziell das Interpellationsrecht betrifft, so stimmen die darauf bezugnehmenden §§ 32, 33 G.O. des D.R.T. und die §§ 33, 34 G.O. des preuß. Abg.H. sinngemäß, und sieht man von den Bezeichnungen, die aus der Verschiedenartigkeit des Interpellierten resultieren, ab, auch beinahe wörtlich überein. Hinter dieser Formenähnlichkeit verbirgt sich jedoch in der Litteratur ein Dissens; daß das Interpellationsrecht des D.R.T. nicht ausdrücklich in der Verfassung ausgesprochen ist, steht fest; ob das Gleiche für den Preußischen Landtag gilt, oder ob Art. 60 II und 81 III V.U. es unmittelbar dekretieren, ist in der Theorie strittig. Obschon m. E. — es sei auf den Absch. ‚der rechtliche Charakter des Interpellationsrechtes' im allgem. Teile verwiesen — das Problem nicht die ihm zum Teil zugesprochene Bedeutung besitzt, so wird dennoch darauf kurz einzugehen sein und aus diesem Grunde soll zwar die historische Entwicklung des

[1] S. Plate, die G.O. des preuß. Abgh., 1904, S. V/VI.

Interpellationswesens im D.R.T. und im preuß. Abg.H. gemeinsam, aber die Erläuterung der heute geltenden Bestimmungen getrennt dargestellt werden.

Gemäß der sogen. „Viebahnschen, vorläufigen G.O." für die II. Kammer des preuß. Landtages vom 28. Februar 1849 entschied über die Zulässigkeit der vom Interpellanten und außerdem von 30 Mitgliedern (in Summa also von 31 Abgeordneten) unterzeichneten Interpellation der Gesamtvorstand der Kammer; im Falle sich dieser für die Zuläßigkeit aussprach, wurde sie dem Ministerpräsidenten zugestellt, unter die Mitglieder verteilt und in der Kammer zur Lesung gebracht; wenn auch diese ohne Besprechung die Zulassung der Interpellation beschlossen hatte, erhielt der Interpellant das Wort zur näheren Ausführung und hierauf bestimmte die Staatsregierung den Zeitpunkt der Beantwortung.

Die gegenwärtige Fassung des das Interpellationsrecht betreffenden § 33 G.O. stammt aus der sogenannten „endgiltigen G.O." vom 28. März 1849.

Die „vorläufige" hatte abweichend von jener der preuß. Nationalversammlung keine Besprechung der Interpellationsantwort vorgesehen [1].

Diesen Mangel beseitigte die Simson-Forckenbecksche G.O. vom 6. Juni 1862; ihr entstammt § 34 Abs. 1; einerseits machte die Regierung dagegen Bedenken geltend, anderseits erachtete ein Teil des Hauses eine „Besprechung" ohne die Möglichkeit, sie durch einen Beschluß zu krönen, für zwecklos. Mit Recht wurde dieser skeptischen Wertung, die nur rein formal folgerte, die politische Bedeutung einer Diskussion entgegengehalten.

Abs. 2 des § 34 G.O. verdankt seine Entstehung einem

---

[1] Die Dauer der Nationalversammlung währte vom 22. Mai 1848 — mit einer Vertagung — bis 1. Dezember 1848; ihre G.O. basierte auf franz. u. belgischen Reglements, diese ihrerseits auf engl. von Bentham rationalisiertem von Mohl in Deutschland empfohlenen Vorbilde. Vergl. Hatschek, a. a. O., S. 426 ff.

Antrage des Abg. Virchow und wurde am 5. Dezbr. 1877 beschlossen. Er enthält die Anwendung von Art. 60 Abs. 2 V.U. auf einen speziellen Fall und stellt nur fest, daß die Stellung von solchen Anträgen bei der Besprechung zulässig sei, welche die Verfassung generaliter gestattet[1].

Dieser rückblickenden Erörterung hat nun getrennt die Behandlung der heute geltenden Interpellationsnormen für den preuß. Landtag und den D.R.T. zu folgen.

a) Der Landtag des Königreichs Preußen.

Gemeinsam sind beiden Häusern die Bestimmungen der Verfassungsurkunde für den preußischen Staat vom 31. Jänner 1850 Art. 60^{II}, 61 und Art. 81^{III}. Art. 60^{II} lautet: „Jede Kammer kann die Gegenwart der Minister verlangen", Art. 61 spricht die Verantwortlichkeit der Minister den Kammern gegenüber aus; Art. 81^{III} sagt: „Jede Kammer kann die an sie gerichteten Schriften an die Minister überweisen und von denselben Auskunft über eingehende Beschwerden verlangen."

α) Das Abgeordnetenhaus.

Die Verfassung ergänzend und auslegend sagen §§ 33, 34 G.O.; und zwar:

§ 33: „Interpellationen an die Minister müssen bestimmt formuliert und von 30 Mitgliedern unterzeichnet dem Präsidenten des Hauses überreicht werden, welcher dieselben dem Staatsministerium abschriftlich mitteilt, und dasselbe in der nächsten Sitzung des Hauses zur Erklärung darüber auffordert, ob und wann es die Interpellation beantworten werde. Erklärt das Ministerium sich zur Beantwortung bereit, so wird an dem von ihm bestimmten Tage der Interpellant zu deren näheren Ausführung verstattet."

---

[1] Dieser kurze Überblick über den Entwicklungsgang des Interpellationsrechts in der G.O. des preuß. Abgh. ist ein Resumée aus der klaren und übersichtlichen Darstellung bei Plate, die G.O. des preuß. Abgh., 1904, S. 118 f. und S. 121 f.

§ 34: „An die Beantwortung der Interpellationen oder deren Ablehnuug darf sich eine sofortige Besprechung des Gegenstandes derselben anschließen, wenn mindestens 50 Mitglieder darauf antragen. Die Stellung eines Antrages bei dieser Besprechung ist unzulässig. Es bleibt aber jedem Mitgliede des Hauses überlassen, den Gegenstand in Form eines Antrages weiter zu verfolgen.

Anträge im Sinne des Art. 60 der Verfassungsurkunde Abs. 2 sind jederzeit zulässig."

Ein recht beträchtlicher Unterschied liegt zwischen der „vorläufigen" und der heute in Kraft stehenden G.O.; das Interpellationsrecht wurde gewissermaßen „demokratisiert", modernisiert — aus dem schwerfälligen „Mörser" ist ein akkurates „Schnellfeuergeschütz" geworden und, um im Bilde zu bleiben, die neue Konstruktion hat, wie die geringe Zahl der eingebrachten Interpellationen beweist, zu keiner Munitionsverschwendung geführt.

Die eine Minorität strangulierende Verfügung, daß Kammervorstand und Kammer über die Zuläßigkeit und Zulassung einer Interpellation zu entscheiden hätten, blieb nur kurze Zeit in Kraft; sie bedeutet ja die von der Mehrheit absolut abhängige Stellung der Minorität, welche keine der ersteren unangenehme oder von ihr nicht gebilligte Anfrage an das Staatsministerium[1] stellen konnte.

Dem Minoritätenschutze wurde durch die Beseitigung des Kammerkriteriums Rechnung getragen; belanglos, wohl nur der Ausfluß menschlichen Strebens nach „abgerundeten Zahlen", ist die Herabsetzung der 31 unterstützenden Unterschriften auf 30.

Dreizehn Jahre nach dieser ersten Reform folgte die zweite ergänzende und brachte die Diskussionsmöglichkeit über die vom Interpellierten erteilte oder verweigerte Antwort; sie ist an den Antrag von mindestens 50 Mitgliedern

[1] Die Interpellation wird trotz der Einleitungsworte des § 33 G.O. nicht an den Fachminister, sondern entsprechend des weiteren Satzinhaltes an das Staatsministerium gestellt. Vergl. Plate, a. a. O., S. 119².

gebunden; diese Zahl auf 30 zu beschränken, fand nicht Anerkennung. Daß die Äußerung des Ministers besprochen werden dürfe, lag nicht im Interesse der Regierung, deren Opposition gegen die Neuerung bereits Erwähnung fand, ebenso wie das Verkennen des politischen Wertes einer Interpellationsdebatte durch einen Teil des Hauses. Eine „Besprechung“ hat aber abgesehen von ihrer kritischen auch noch die Bedeutung, daß sie wertvolles Material zu Tage fördern und einen Einblick in die Stimmung des Hauses gewähren kann, wodurch ein Mitglied, das den Gegenstand der Iuterpellation in Form eines selbständigen Antrages weiter verfolgen will (§ 34 Abs. 2 G.O.), beherzigenswerte Fingerzeige erhält.

So lange das preußische Abgeordnetenhaus auf Grund des Dreiklassenwahlsystems zusammengesetzt wird, dürfte das Interpellationsrecht kaum eine Erhöhung seiner Durchschlagskraft dadurch erhalten, daß der Äußerungsbesprechung ein materieller Antrag angefügt werden dürfe, um Frage und Antwort harmonisch mit einer „Abstimmung“, einem Beschluß, abzuschließen. Es ist eher aus der ganzen Tendenz, die die Geschäftsordnungen heute durchsetzt, zu erwarten, daß die „Mündlichkeit“ des Verfahrens, die 1877 noch ein Vorbild im englischen Unterhause fand, ganz oder teilweise einer zeitsparenden Schriftlichkeit weichen werden müsse, — doch das auch erst dann, wenn eine andere soziale und politische Strömung in der II. Kammer Oberwasser bekommt, die von dem Interpellationsrecht nicht mehr so selbstbescheiden Gebrauch macht, wie das Haus in den verflossenen Jahrzehnten es tat.

In manchen Fällen (z. B. Session 1875 Stzg. 80 S. 2257) wurde vom Interpellierten eine Antwort ohne Angabe von Gründen verweigert, doch ist dieser Umstand deshalb von verschwindender Bedeutung, da in den letzten zwanzig Jahren überhaupt nur 8 Interpellationen unerledigt blieben, also nicht 10%.

Dem Minister ist keine Frist gesteckt, innerhalb welcher

er sich zu äußern habe; tatsächlich läßt die Antwort oft sehr lange auf sich warten[1]. Von den sonst bei Interpellationen üblichen Formalien sei nur erwähnt, daß eine Drucklegung der Interpellationen und ihre Verteilung an die Mitglieder des Hauses durch die G.O. zwar nicht vorgeschrieben, aber tatsächlich geübt wird; ferner wird die Interpellation gewöhnlich nicht für die nächste Sitzung auf die Tagesordnung gesetzt, sondern nach Verständigung mit dem Staatsministerium spielt sich der Gesamtkomplex ihrer Abwickelung in einer und derselben Sitzung ab und zwar in jener, welche für die Beantwortung vom Minister ausersehen wurde; die nicht vorgeschriebene Verlesung der Interpellation findet bald statt, bald nicht; die Verbindung der Behandlung zweier Interpellationen oder die Besprechung einer Anfrage mit der Beratung eines Urantrages wird in der Regel, wenn kein Widerspruch erhoben, für zulässig erachtet[2].

Interpellationen können zurückgezogen werden; ob von demselben Interpellanten auch wieder aufgenommen, ist strittig; nach § 24, Satz 1 G.O. scheint jene Ansicht die begründete, die nur anderen Mitgliedern der Kammer die Berechtigung zur Wiederaufnahme zuspricht, doch scheint eine neuerliche Unterstützung durch 30 Unterschriften nötig.

Strittig ist die rechtliche Frage, ob das Interpellationsrecht ausdrücklich in der V.U. festgelegt ist, oder nicht. In der Litteratur herrscht diesbezüglich ziemlich bedeutende Wirrnis. Georg Meyer[3] erklärt z. B., daß viele Verfassungen der deutschen Gliedstaaten den Mitgliedern des Landtages das Interpellationsrecht einräumen und zählt zu diesen Verfassungen auch die preußische; Schulze[4] sagt: „Jede Kammer kann die Gegenwart der Minister verlangen. Darnach sind die Kammern selbstverständlich berechtigt,

---

[1] Vergl. Plate, a. a. O., S. 121 [15].
[2] Vergl. Plate, a. a. O, S. 121 [20]; 124 [13].
[3] Meyer-Anschütz, Deutsches Staatsrecht, S. 299.
[4] Schulze, das preußische Staatsrecht, 1888, I., S. 628.

von den Ministern Aufklärungen über die zu ihrem Wirkungskreise gehörigen Gegenstände zu verlangen, wobei es in der Regel indessen den Ministern vorbehalten bleibt, inwieweit sie eine solche Auskunft erteilen wollen." Auch jedem einzelnen Mitgliede stehe nach der G.O. das Recht zu, Anfragen, Interpellationen, an den Minister zu stellen . . . [1] Thudichum[2] äußert sich: „Auch die preußische Verfassung garantiert ein Interpellationsrecht nicht, während die Geschäftsordnungen beider Häuser sie zulassen."

Wenn die Frage nach dem rechtlichen Wesen des Interpellationsrechtes im preußischen Landtage nicht so formuliert wird, ob eine Kammer, die Kammermehrheit oder einzelne Mitglieder ein subjektives Recht zur Stellung von qualifizierten Anfragen hätten, sondern: ob Interpellationen an das Staatsministerium in den Wirkungskreis der Kammern fallen, dann entbehrt die Lösung des Problems jeder Schwierigkeit.

Art. 61 V.U. macht jedes der beiden Häuser zu Ministeranklagen und damit für die Kontrolle der Minister überhaupt kompetent. Daraus ist auch die Zuständigkeit zur Einleitung von Interpellationen abzuleiten[3], deren Form die selbständigen Geschäftsordnungen bestimmen.

Nach Art. 60 II kann jede Kammer die Anwesenheit der Minister fordern; dadurch vermag sie auf die Vertreter der Regierung einerseits einzuwirken, bei den Beratungen anwesend zu sein — allerdings liegt es außer ihrer Machtsphäre, sie zur aufmerksamen Anteilnahme an den Ver-

---

[1] Merkwürdig erscheint es hier, daß die Ausnahmen von der „Regel" keine Besprechung finden, um klarzulegen, in welchen Fällen vom Autor für den Interpellierten eine Aufklärungspflicht angenommen wird. Stengel, Das Staatsrecht des Königreichs Preußen, 1894, S. 74, spricht jeder Kammer das „Recht" zur Stellung von Interpellationen zu; vergl. auch Laband, Staatsrecht, I., S. 284, Anm. 1.

[2] Thudichum, Verfassungsrecht des norddeutschen Bundes und des deutschen Zollvereines, 1870, S. 213, Anm. 2.

[3] S. im allgem. Teil den Absch. „Der rechtliche Charakter des Interpellationsrechts".

handlungen zu zwingen[1] — anderseits unterstützt die Befugnis, auf ihrer Gegenwart bestehen zu können, die Durchführung des Interpellationsprozesses, dem die Interpellierten ansonsten durch beliebiges Absentieren arge Hemmungen zu bereiten vermöchten. Art. 81^{III} V.U. nimmt Bezug auf Bitten und Beschwerden, welche an die Kammer gerichtet durch diese an die Minister weitergeleitet werden können; anknüpfend daran regelt § 35 G.O. des Abgh. (bezw. § 52 G.O. des H.H.) das einschlägige Verfahren. Ein direkter Zusammenhang des angezogenen Artikels mit dem Interpellationswesen kann nicht behauptet werden — aus seinem Inhalte läßt sich unmittelbar nur schließen, daß jede Kammer Petitionen auch aus ihrer eigenen Mitte zu erheben befugt sei —, aber gleichwohl ist daraus indirekt eine Auskunftspflicht der Regierung auf Anfragen noch besonders abzuleiten, denn wenn diese die an sie über eingegangene Beschwerden gerichteten Schriften durch Auskunfterteilung zu erledigen hat, so kann logischerweise eine Art Verbindlichkeit, sich auf gestellte Interpellationen zu äußern, denen zumeist ein kritischer, oft ein beschwerender Charakter anhaftet, kaum geleugnet werden; faßt man demnach Art. 61 und die darauf fußende Kontrollkompetenz der Kammern, Art. 60^{II} mit der dafür geschaffenen Erleichterung und Art. 81^{III} mit seiner Auskunftspflicht der Regierung auf qualifizierte Petitionen, sowie die durch die selbständigen Geschäftsordnungen interpretierend geregelten und danach tatsächlich geübten Interpellationen ins Auge, so ist die Frage nach der Kompetenz der beiden Kammern des preußischen Landtages zur Stellung von Interpellationen an das Staatsministerium zu bejahen und mit Recht eine damit korrespondierende Äußerungspflicht zu behaupten[2].

Unabhängig vom formalen Interpellationsrecht ist die Befugnis der einzelnen Mitglieder der Kammer an die

---

[1] Plate, a. a. O., S. 124^{19}.

[2] Vergl. auch Rehm, allgemeine Staatslehre, 1899, S. 350 f.

Minister im Zusammenhang mit dem Gegenstande einer Verhandlung Fragen zu stellen[1].

Folgende Statistik gibt ein übersichtliches Bild über die Übung des Interpellationsrechtes im preußischen Abgeordnetenhause[2].

Session	Zahl d. Interpell.	zurückgez.	beantwortet
1887 . . .	—	—	—
1888 . . .	2	—	1
1889 . . .	—	—	—
1890 . . .	1	—	1
1890/91 . .	2	—	2
1892 . . .	2	—	2
1892/93 . .	4	—	4
1894 . . .	8	1	6
1895 . . .	5	—	5
1896 . . .	4	—	4
1896/97 . .	6	—	5
1898 . . .	8	—	6
1899 . . .	4	—	4
1900 . . .	7	—	6
1901 . . .	4	1	3
1902 . . .	6	—	6
1903 . . .	10	—	8
1904/05 . .	11	—	11
1905/06 . .	10	—	10

β) Das Herrenhaus.

§ 51 G.O. des Herrenhauses[3] weist nur unbedeutende Abweichungen von den §§ 33, 34 G.O. des Abgeordnetenhauses auf, die zum Teil in der verschiedenen Struktur der

---

[1] Über ein in der G.O. nicht vorgesehenes, doch tatsächlich ausgebildetes schriftliches Frageverfahren in den Kommissionen vergl. Plate, a. a. O., S. 119[4].

[2] Diese Zusammenstellung verdanke ich dem Entgegenkommen Herrn A. Plates, Bureaudirektors des Preußischen Abgeordnetenhauses.

[3] Die G.O. des preußischen Herrenhauses beruht auf einem Beschlusse vom 15. Juni 1892.

beiden Häuser begründet sind — so beträgt hier die Zahl der eine Interpellation unterstützenden Mitglieder nur 20 —; teilweise glich die Praxis formell bestehende Differenzen aus. Die Drucklegung und Verteilung der Interpellationen, die für das Herrenhaus vorgeschrieben sind, werden der Sitte gemäß auch in der II. Kammer geübt.

Über die verfassungsmäßigen Grundlagen des Interpellationsrechts gilt das bei der Behandlung bezüglich des Abgeordnetenhauses Gesagte.

b) Der Reichstag des Deutschen Reiches [1].

Obschon die das Interpellationsrecht regelnden §§ 32, 33 G.O. des D.R.T. fast wörtlich mit den bereits angeführten §§ 33, 34 G.O. des preußischen Abgeordnetenhauses übereinstimmen, sollen sie dennoch der klaren Übersicht wegen wörtlich zitiert werden; sie lauten:

§ 32: „Interpellationen an den Bundesrat müssen, bestimmt formuliert und von 30 Mitgliedern unterzeichnet, dem Präsidenten des Reichstages überreicht werden, welcher dieselben dem Reichskanzler [2] abschriftlich mitteilt und diesen in der nächsten Sitzung des Reichstages zur Erklärung darüber auffordert, ob und wann er die Interpellation beantworten werde. Erklärt der Reichskanzler sich zur Beantwortung bereit, so wird an dem von ihm bestimmten Tage der Interpellant zu deren näheren Ausführung verstattet."

§ 33: „An die Beantwortung der Interpellationen oder deren Ablehnung darf sich eine sofortige Besprechung des Gegenstandes derselben anschließen, wenn mindestens 50 Mitglieder darauf antragen. Die Stellung eines Antrages bei dieser Besprechung ist unzulässig. Es bleibt aber jedem Mitgliede des Reichstages überlassen, den Gegenstand in Form eines Antrages weiter zu verfolgen".

---

[1] Vergl. Perels, das autonome Reichstagsrecht, 1903, S. 42ff; 57, 65f.

[2] Während des Bestandes des Norddeutschen Bundes stand sinngemäß an Stelle des Wortes „Reichskanzler" die Bezeichnung „Bundeskanzler".

Das Interpellationsrecht des Deutschen Reichstages ist nicht ausdrücklich in der Verfassung ausgesprochen [1], dennoch ergiebt sich die Rechtlichkeit seines Bestandes aus der Kontrollbefugnis des Hauses und der Verantwortlichkeit des Kanzlers (Art. 4; 17; 72 der Verfassung des deutschen Reiches). Von diesem Standpunkte aus, der den R.T. zur Stellung von Interpellationen kompetent ansieht, und mit Hinblick auf die Praxis, die tatsächliche Übung, wird auch eine Äußerungspflicht des Interpellierten — welche wohl zu scheiden ist, von einer Pflicht zu materiellen Antworten — angenommen [2].

Die Reichsverfassung berechtigt den Reichskanzler als solchen nicht zur offiziellen Anwesenheit im Reichstage; nach Art. 9 R.V. kann er nur als preußischer Bevollmächtigter zum Bundesrat den Sitzungen beiwohnen, um die Ansichten seiner Regierung zu vertreten; tatsächlich nimmt er als Vorsitzender des Bundesrates und als verantwortlicher Minister daran teil, als dieser wird seine Anwesenheit gefordert und als dieser wird er interpelliert [3]. Mit dieser Wandlung der Verfassung ging Hand in Hand eine Wandlung der G.O.; diese spricht von Interpellationen an den „Bundesrat"; der Bundesrat ist aber unverantwortlich und seine Tätigkeit der Kontrolle des R.T. entzogen; daher

---

[1] Ein darauf zielender Antrag Laskers und Aßmanns im konstituierenden R.T. wurde als nicht erforderlich abgelehnt, da auch ohne ausdrückliche Verfassungsbestimmungen der R.T. vermöge seiner Stellung das Recht zu Interpellationen (u. Adressen) besitze. Vergl. Rönne, das Staatsrecht des Deutschen Reiches, 2. Aufl., I., S. 268, Anm. 3, 4, 6.

[2] Laband, Staatsrecht, I., S. 283, nennt das Interpellationsrecht ein „Pseudorecht"; Zorn, das St.R. des D.R., 1895, I., S. 240 f., ein „moralisches", während Stoerk, zur Methodik des öffentlichen Rechtes, 1885, S. 63 f. es als ein „verfassungsmäßiges Recht" bezeichnet, wogegen Seydel, Kommentar zur Verfassungsurkunde für das Deutsche Reich, 2. Aufl., 1897, S. 203, sagt: „Ein ‚Recht' ... der Interpellationen hat der R.T. nicht. ... Da ein Recht der Interpellationen nicht besteht, gibt es für den Bundesrat und den Reichskanzler auch keine Pflicht der Beantwortung." Vergl. damit das im allgemeinen Teil im Abschnitte „der rechtliche Charakter des Interpellationsrechts" Gesagte.

[3] Vergl. Jellinek, Verfassungsänderung und Verfassungswandlung, S. 24 ff.

können Interpellationen nur an den Kanzler als verantwortlichen, der Kontrolle unterliegenden Minister ergehen, was auch der tatsächliche Zustand anerkennt. Dem Kanzler gleich stehen seine „Stellvertreter“[1] und die Anfragen, ob der Reichskanzler zur Beantwortung einer Interpellation bereit sei, werden in praxi an den „Herrn Vertreter der verbündeten Regierung“ gerichtet — eine Form die nicht ganz entsprechend ist, da die verbündeten Regierungen einer Kontrolle nicht unterliegen; soweit dieser „Vertreter“ aber zugleich ein Vertreter des Reichskanzlers ist, scheint diese Formulierung gleichwohl zulässig[2]. Überhaupt ist die faktische Übung des Interpellationsrechts recht liberal und es kommen sogar Anfragen an Unterstaatssekretäre vor[3]. Jedenfalls hängen die Schwankungen des Interpellationsrechtes im D.R.T. eng mit den Verfassungswandlungen zusammen und werden erst zur Ruhe kommen, wenn diese stabiler geworden sind.

Was die Behandlung der Interpellationen betrifft, so wurden sie bis zum Jahre 1874 nicht auf die T.O. gesetzt, was seit 1879 jedoch Regel ist. Jetzt ist die Feststellung der T.O. durch die Interpellationen gebunden, welche auf der T.O. jener Sitzung erscheinen müssen, die ihrer Einbringung folgt. Sind es mehrere Interpellationen, so steht von ihnen keiner der Anspruch auf Priorität zu, sondern über die Reihenfolge ihrer Verhandlung entscheidet das Haus durch Mehrheitsbeschluß. Ebenso können die Interpellanten nicht verlangen, daß ihre Anfragen als erster Gegenstand angesetzt werden. Liegen tatsächliche oder rechtliche Gründe vor, welche verhindern, die Interpellationen auf die T.O. der ihrer Einbringung folgenden Sitzung zu bringen, so werden sie auf die der nächstfolgenden gesetzt.

---

[1] Vergl. das Reichsgesetz betreffend die Stellvertretung des Reichskanzlers vom 17. März 1878.

[2] Vergl. Perels, a. a. O., S. 65, Anm.

[3] Z. B. am 1. Mai 1880, Leg. Per. IV; 3. Sess. Stenograph. Protok. S. 1071.

Einstimmigkeit des R.T. kann sie auch auf einen späteren Termin verschieben.

Vor der Beantwortung gebührt dem Fragesteller das Wort zur Begründung; durch die Verweigerung einer materiellen Antwort ist auch eine formelle Interpellationsbegründung in der Interpellationsdebatte ausgeschlossen.

Anhang: Die Einzelstaaten.

Die parlamentarischen Organisationen der Gliedstaaten des Deutschen Reiches bieten zum Teil ein buntes Gemisch ständischer Einrichtungen mit modernen Institutionen und an diesem Gemenge mit seinen interessanten staatsrechtlichen Gegensätzen zwischen der Struktur des Reiches und der Einzelstaaten partizipiert auch das Interpellationsrecht. Bald hat es eine Regelung in den Verfassungen erfahren, die teilweise eingehender[1], teilweise nur grundsätzlich[2] Bestimmungen festlegten, bald ordnen es einfache Gesetze[3], bald bauen die selbständigen Geschäftsordnungen — wie z. B. in Baden und Württemberg — auf der Basis der den Kammern zustehenden Kontrollrechte das Interpellationswesen auf.

Preußen mag vielfach vorbildlich gewesen sein; so

---

[1] Lübeck: Verfassung vom 5. April 1875, Art. 45; Hamburg Verfassung der freien und Hansestadt Hamburg, publiziert am 13. Oktober 1879, in Kraft getreten am 4. März 1880, Art. 60[3]; 65.

[2] Sachsen-Weimar-Eisenach: Revidiertes Grundgesetz vom 15. Oktober 1850 über die Verfassung des Großherzogtums Sachsen-Weimar-Eisenach, § 29, Abs. 2; Oldenburg: Revidiertes Staatsgrundgesetz vom 22. November 1852 für das Großherzogtum Oldenburg, Art. 128, § 2 und Art 12, § 4; Schwarzburg-Sondershausen: Landesgrundgesetz vom 8. Juli 1857 für das Fürstentum Schwarzburg-Sondershausen, § 56 u. a.

[3] Bayern: Ges. vom 19. Januar 1872 den Geschäftsgang des Landtages betreffend, Art. 18—21, 33, Abs, 1, abgeändert durch Landtagsabschied vom 1. Juli 1886, § 26; Sachsen: Landtagsordnung vom 12. Oktober 1874, § 31; Hessen: Gesetz vom 17. Juni 1874, die landständische Geschäftsordnung betreffend, Art. 22; Sachsen-Meiningen: Ges. vom 23. April 1868, die Einführung einer neuen Geschäftsordnung für den Landtag betreffend, § 28.

auch für Bayern[1], wo die Interpellation von einem Einzelnen kurz begründet und schriftlich eingebracht wird und dann in der Kammer zur Verlesung kommt, worauf die Unterstützungsfrage zu stellen ist; im Übrigen lehnt sich das Verfahren an das preußische an.

Ähnlich ist das Verfahren in Sachsen[2]; in Hessen[3] kann der Minister die Antwort mündlich oder schriftlich geben und in Schwarzburg-Sondershausen[4] soll die Antwort auf die Interpellation „nur dann verweigert werden, wenn sie schwebenden Verhandlungen nachteilig sein würde."

Für Baden besagen §§ 45; 46; 47; 48 der G.O.

§ 45: „Motionen, Anträge, Interpellationen müssen schriftlich angezeigt und von mindestens drei Abgeordneten unterzeichnet sein."

§ 46. „Interpellationen an die Regierung werden von dem Präsidenten dem betreffenden Minister oder Regierungskommissär in Abschrift und mit der Anfrage mitgeteilt, ob und wann er die Interpellation in einer öffentlichen Sitzung beantworten werde."

§ 47. „An einem bestimmten Tage findet dann die Begründung der Interpellation durch einen der Interpellanten statt."

§ 48. „An die Beantwortung der Interpellation kann sich eine sofortige Besprechung anschließen; dabei ist jedoch die Stellung eines Antrages unzulässig. Es bleibt jedem Abgeordneten überlassen, den Gegenstand später in Form eines Antrages weiter zu verfolgen."

In Württemberg[5] fehlt den Interpellationen, da die Anwesenheit der Minister verfassungsgesetzlich von den

---

[1] S. auch Seydel, das Bayerische Staatsrecht, 2. Aufl., 1896, I., S. 354 ff., 483 f.

[2] S. auch Leuthold, das Staatsrecht des Königreichs Sachsen, 1884, S. 238 f; Opitz, das Staatsrecht des Königreichs Sachsen, 1887, II., S. 195 f; 203 f.

[3] a. a. O.

[4] a. a. O.

[5] Siehe Gaupp-Göz, das Staatsrecht des Königreichs Württemberg, 1904, 3. Aufl., S. 119.

Kammern nicht gefordert werden kann, die durchdringende Schärfe.

So verschieden präsentieren sich das Interpellationsrecht und seine Ausgestaltung in den verschiedenen parlamentarischen Kollegien der Gliedstaaten entsprechend den Verfassungen und den selbständigen Geschäftsordnungen, welch letztere — eine merkwürdige Erscheinung — in dem den beiden Großherzogtümern Mecklenburg-Schwerin und Mecklenburg-Strelitz gemeinsamen Landtage überhaupt fehlt [1].

In der Stadtrepublik Hamburg stellt das Interpellationsrecht eine kunstvolle Kombination von besonderer Verklausulierung unterworfenen einfachen Anfragen, formellen Anträgen und eigentlichen Interpellationen dar [2]. Ob der Senat eine von fünfzehn Mitgliedern der Bürgerschaft unterstützte Interpellation beantworten will oder nicht, liegt völlig in seinem Belieben. Entscheidet sich der Senat für die Nichtbeantwortung, so kann die Interpellation zum Gegenstand eines selbständigen Antrages gemacht werden und, wenn die Bürgerschaft diesem zustimmt, so hat der Senat die Pflicht, sich über die Anfrage zu äußern. Die Äußerung muß in einer materiellen Antwort bestehen, falls es sich nicht um Angelegenheiten handelt, die obschwebende Verhandlungen des Reiches oder auswärtige Agenden berühren. Wird das Interpellationsverfahren als „dringlich" bezeichnet, dann hat der Senat bereits in der nächsten Sitzung zur Anfrage in oben erwähnter Weise Stellung zu nehmen.

Eine Antwortablehnung ist mit Gründen zu versehen. Ähnlich wie Verf.-Art. 65 für Hamburg regelt das Interpellationsrecht für Lübeck Verf. Art. 45.

---

[1] Siehe Büsing, das Staatsrecht der Großherzogtümer Mecklenburg-Schwerin und Mecklenburg-Strelitz, 1888, S. 31 f.

[2] S. auch Wolffson, das Staatsrecht der freien und Hansestadt Hamburg, 1888, S. 19

2. Österreich.

Die Pillersdorf'sche Verfassung für Österreich vom 25. April 1848 — die sogenannte oktroierte Aprilverfassung —, welche die westlichen Länder zum erstenmal zu einem Staate vereinigte[1], enthielt zwar keine Bestimmungen über das Interpellationsrecht, doch statuiert einerseits § 32 die Verantwortlichkeit der Minister für alle Handlungen und Anträge in ihrer Amtsführung, anderseits wurde die Initiative jeder der beiden Kammern und ihre Kompetenz, über eingehende Petitionen zu verhandeln, in § 48 anerkannt; somit war, ähnlich wie durch Art. 81 der preuß. Verf. Urkunde von 1850, für die Entwicklung des Interpellationsrechts die Grundlage gegeben, aber die Folgezeit hat eine ununterbrochene Entwicklung nicht gebracht; die inner- und außerpolitischen Vorgänge der nächsten Jahrzehnte zeugten Verfassungen, vernichteten Verfassungen und die Materie des Interpellationsrechts stand mitten in dem Wirbel der wechselnden Konstitutionen. Der nie realisierte „Kremsierer Entwurf"[2] sagte in § 67, Abs. 2: „die Kammern können die Anwesenheit der Minister fordern ..." in § 91: „Jede Kammer hat das Recht, von den Ministern Auskünfte zu verlangen, Erhebungen durch dieselben zu veranlassen, und ihnen Petitionen zur Erledigung zu überweisen oder zur Beachtung zu empfehlen" und in § 92: „Jedem Mitgliede des Reichstages steht das Recht zu, die Minister zu interpellieren"[3]. Dieser Entwurf, der, wie erwähnt, nie in Kraft trat, wollte das I.R. atomisieren, indem er es jedem einzelnen Abgeordneten gewissermaßen als „Individualrecht" — eine Auffassung des Rechtes, wie

---

[1] S. Bernatzik, die österr. Verfassungsgesetze 1906, S. 73 f.

[2] Bernatzik, a. a. O., S. 85 ff.

[3] Dieser Paragraph fehlte in dem Verfassungsvorschlag, den das Fünferkomitee dem Verfassungsausschusse des R.T. vorlegte, wurde aber dem Antrage des Abg. Scholl entsprechend aufgenommen. Protokolle des Verfassungsausschusses im österr. Reichstage, 1848—1849, herausgegeben und eingeleitet von Anton Springer, 1885, S. 171, 334.

sie heute noch in Frankreich lebt — zusprach. Die Reichsverfassung vom 4. März 1849 („Märzverfassung") führte die Interpellationen auf jenem rechtlichen Wege weiter, den ihnen die oktroierte Aprilverfassung angewiesen hatte, doch das Jahr 1851 brachte einen absolutistischen Rückschlag, der dem Reichstag mit allen seinen Rechten und Pflichten ein jähes Ende bereitete; § 22 des Kaiserl. Patentes vom 13. April 1851 R.G.B. Nr. 92 hatte dagegen dem Reichsrate mit seiner rein beratenden Stellung eine wenig akzentuierte formale Informationsmöglichkeit dadurch verliehen, daß dieser den „Wunsch" aussprechen konnte, Mitglieder des Ministerrates zwecks Aufklärungen über Vorlagen seinen Beratungen beizuziehen.

Das A.H. Kabinettsschreiben vom 20. August 1851 R.G.B. 196 griff hierin noch beschränkend ein und das Patent vom 5. März 1860 R.G.B. 56 mit der Schaffung des „verstärkten Reichsrates" änderte für das Interpellationsrecht nichts zum Besseren. Die prinzipiellen Bestimmungen des Oktoberdiploms (20. Oktober 1860, R.G.B. 226) und das Februar-Patent (26. Februar 1861, R.G.B. 20) gaben zwar dem Interpellationsrecht einen neuen Inhalt, aber ohne dafür ausdrückliche Normen zu enthalten; § 21 des Patentes jedoch lautete: „Die näheren Bestimmungen über den Geschäftsgang, den wechselseitigen und den Außenverkehr beider Häuser werden durch die G.O. geregelt." Obschon, wie Bernatzik[1] hervorhebt, darin nicht gesagt wird, wer diese G.O. zu erlassen habe, so löste sich doch die Frage in der Praxis durch das Gesetz vom 31. Juli 1861, in betreff der G.O. des Reichsrates R.G.B. Nr. 37 und dessen § 12 besagte: „Interpellationen, welche ein Mitglied an einen Minister, Hofkanzler oder den Chef einer Zentralstelle richten will, sind dem Präsidenten schriftlich, und zwar im H.H. mit wenigstens zehn, und in dem Hause der Abgeordneten mit wenigstens zwanzig Unterschriften versehen

[1] Bernatzik, a. a. O., S. 227, Anm.

zu übergeben, werden sofort dem Interpellierten mitgeteilt und in der Sitzung vorgelesen. Der Interpellierte kann sogleich Antwort geben, diese für eine spätere Sitzung zusichern oder mit Angabe der Gründe die Beantwortung ablehnen.“ Durch dieses Gesetz ist das Interpellationsrecht jeder Kammer ausdrücklich und bestimmt anerkannt.

Die Sistierungsperiode von 1865 bis 1867 bedeutete abermals einen Einschnitt in das Verfassungsleben. Und das Jahr 1867 stellte die Organisation der österreichisch-ungarischen Monarchie, den tatsächlichen Verhältnissen besser Rechnung tragend, auf neue Grundlagen; § 29 des Ges. — Art. XII („über die zwischen den Ländern der ungarischen Krone und den übrigen unter der Regierung Sr. Maj. stehenden Ländern obschwebenden gemeinsamen Angelegenheiten und über den Modus ihrer Behandlung“; sanktioniert und kundgemacht in beiden Häusern des Reichstages am 12. Juni 1867) sieht „Delegationen“, sowohl des R.T. als des R.R., zur Behandlung der dem Gesamtreiche gemeinsamen Angelegenheiten vor, und § 39 Satz 2 f. des oben zitierten Gesetzartikels, auf den wir noch zurückkommen müssen, spricht den Delegationen das Interpellationsrecht zu. Dadurch, ferner durch das Gesetz vom 21. Dezember 1867, über die Reichsvertretung R.G.B. 141, und das Gesetz vom selben Datum R.G.B. 146, über die allen Ländern der österreichischen Monarchie gemeinsamen Angelegenheiten, wird das Interpellationsrecht des österr. R.R. bezw. des ungarischen R.T. sachlich in zwei Teile gespalten, in einen, der jeder Kammer für sich innerhalb ihres Wirkungskreises zusteht, und in einen, zu dem jede Delegation zuständig ist.

Mit den Verfassungsgesetzen vom Jahre 1867 ist die Frage nach der rechtlichen Natur der Staatenverbindung Österreich-Ungarn aufs neue akut geworden, die hier jedoch nur soweit zu streifen ist, als es die Besprechung des Interpellationsrechts bedingt[1].

[1] Vergl. Hauke, Grundriß des Verfassungsrechtes 1905, S. 141 ff. auch bezgl. der dort angeführten Litteratur.

Die zwei extremen Anschauungen bezüglich der Delegationen lassen sich kurz dahin charakterisieren, daß diese einerseits als Reichsparlament, anderseits als qualifizierte Ausschüsse des österr. und des ungar. Parlaments angesehen werden[1]. Keine Theorie wird vollkommen den Tatsachen des praktisch-politischen Lebens gerecht; für die erstere ließe sich manches vom Standpunkte der Gesetzesbuchstaben und der Interpretation des ideologischen österr. „Staatsgedankens" geltendmachen, für die letztere liefert die Entwicklung der Praxis mehr und mehr Grundlagen. Sie ist es auch, die der ungarische Reichstag in seiner Majorität propagiert und sie ist es, die durch einen Beschluß der Delegation des österr. R.R. vom 7. Januar 1907 dadurch eine neue Stärkung erfuhr, daß von nun an auch die speziell österreichischen Minister in der Delegation des österr. R.R. erscheinen dürfen, befragt, und um Antwort und Auskunft gebeten werden können[2].

Was das Interpellationsrecht anlangt, so werden im österr. Abgh. und im österr. H.H. die Minister interpelliert, und zwar tatsächlich auch oft über Angelegenheiten des Heeres und der auswärtigen Politik, die streng genommen in den Bereich der Delegationen fallen. Da diese jedoch relativ selten versammelt sind und außerdem ihre „Ausschußstellung" politisch behauptet wird, so scheint der Usus den Wirkungskreis des R.R. bezw. des R.T. ausweitender Interpellationen immer markantere Formen anzunehmen[3].

Anderseits hat jetzt auch die Delegation des öst. R.R. eine Art Fragerecht durch ihre G.O. an die österr. Re-

---

[1] Hauke, a. a. O., S. 160 ff.

[2] Diesbezüglich kann ich mich nur auf die Berichte der „Neuen freien Presse" bezw. des „Neuen Wiener Tageblattes vom 8. Januar 1907 stützen.

[3] Wenn sich das Mitglied des österr, H.H. Hofrat Czilarcz am 7. Januar 1907 in der österr. Delegation gegen die Auffassung der „Delegation" als „Ausschuß" verwahrte und sie als „Organ des R.R." bezeichnete, so dürfte damit von dem hervorragenden Juristen doch nur eine praktisch wenig bedeutsame Namendifferenzierung vorgenommen worden sein.

gierung zu statuieren gesucht und damit ihr bisheriges Interpellationsrecht (an die gemeinsamen Minister) ausgedehnt; die weitere Entwicklung ist allerdings der Zukunft vorbehalten.

Im folgenden wird das Interpellationsrecht der beiden Häuser des österr. R.R. und das seiner Delegation getrennt behandelt, obschon sie kaum etwas anderes, als zwei Stämme aus einer Wurzel sind.

a) Das Interpellationsrecht der beiden Häuser des österr. R.R.

Der aus dem G. O. Gesetz vom Jahre 1861 angeführte § 12 regelte das Interpellationsrecht des Parlamentes; er findet sich in § 12 des G. O. Gesetzes vom 12. Mai 1868 R. G. B. Nr. 17 wieder, nur daß er in Berücksichtigung der staatlichen Neuorganisation Anfragen an den Hof-Kanzler ausschaltet und überdies die Zahl der unterstützenden Mitglieder im Abg.H. auf 15 herabsetzt. Inzwischen hatte das Ges. ü. d. R.V. § 21 auch in der Verfassung folgendes ausgesprochen: „Jedes der beiden Häuser des R.R. ist berechtigt, die Minister zu interpellieren . . .“ Diese Bestimmung, ferner § 12 des heute geltenden G. O. Gesetzes vom 12. Mai 1873 R. G. B. Nr. 94, die §§ 68, 69 der selbständigen G.O. für das Abg.H. (beschlossen am 2. März 1875) bzw. § 57 der selbständigen G.O. für das H.H. (beschlossen am 25. Jan. 1875) enthalten die in Kraft stehenden Interpellationsnormen für die beiden Kammern des öst. Parlamentes.

α) Das österreichische Abgeordnetenhaus.

§ 21 Ges. ü. d. R. V. wurde bereits zitiert; § 12 des G. O. Ges. vom Jahre 1873 ist gleichlautend mit § 12 G. O. Ges. vom Jahre 1868 und fand mit Weglassung der speziell auf das H. H. bezugnehmenden Bestimmungen — gemäß § 17 G.O.Gesetz — in den korrespondierenden Paragraphen der selbständigen G. O.Aufnahme, die sagen:

§ 68: „Interpellationen, welche ein Mitglied an einen

Minister oder den Chef einer Zentralstelle richten will, sind dem Präsidenten schriftlich und mit wenigstens 15 Unterschriften versehen, zu übergeben, werden sofort dem Interpellierten mitgeteilt und in der Sitzung vorgelesen. Der Interpellierte kann sogleich Antwort geben, diese für eine spätere Sitzung zusichern oder mit Angabe der Gründe die Antwort ablehnen (Ges. § 12)."

§ 69: „Ob infolge der Beantwortung einer Interpellation oder deren Ablehnung sofort oder in der nächsten Sitzung eine Besprechung des Gegenstandes stattfinden soll, entscheidet das Haus ohne Debatte. Ein darauf zielender Antrag muß in der Sitzung, in welcher die Beantwortung der Interpellation erfolgte, oder in der nächsten Sitzung eingebracht werden. Die Stellung eines Antrages bei dieser Besprechung ist unzulässig" [1].

Zwischen den Bestimmungen des Interpellationsrechts in § 21 Ges. ü. d. R.V. und § 12 G.O.Ges. (1873) besteht ein kleiner Unterschied auch darin, daß letzterer die „Interpellationen an den Chef von Zentralstellen" aus dem G.O.Ges. vom Jahre 1868 mitübernahm. Ferner enthält § 12 eine Art Interpretation der Verfassung; diese spricht das Interpellationsrecht jedem Hause des R.R. zu; das G.O.Ges. legt das so aus, daß bereits eine gewisse Anzahl von Kammermitgliedern zuständig sei, die Minister zu interpellieren. Nach dem Wortlaute der Verfassung müßte die „Kammer" bezw. die Kammer*mehrheit*, interpellieren und *diese* Auffassung ist z. B. in Holland, wo die Verhältnisse diesbezüglich ähnlich liegen, so maßgebend gewesen, daß jedes Mitglied, welches die Minister zu interpellieren wünscht, die Erlaubnis des Hauses dazu einholen muß [2]. Im österr. R.R. hat die freiere Interpretation durch § 12

[1] Nicht hierher gehört § 67 über die „Interpellationen" an den Präsidenten und die Vorsitzenden der Abteilungen und Ausschüsse. Vergl. Abschnitt über die dem Interpellationsrecht ähnlichen Institutionen.

[2] *Hartog*, das Staatsrecht des Königreichs der Niederlande, S. 38.

G.O.Ges. keine Bedenken hervorgerufen und wird als völlig korrekt angesehen.

Die Bestimmungen der §§ 68, 69 G.O. bedürfen, nach dem schon im allgemeinen Teile Gesagten, hier nur noch einer geringen Erläuterung. Der „Antrag" auf Besprechung einer Interpellation ist nach § 18 G.O. zu behandeln, muß also von 20 Abgeordneten unterstützt schriftlich dem Präsidenten überreicht werden [1]. Das Verbot, einen Antrag bei der Besprechung selbst zu stellen, bezieht sich nur auf materielle, nicht auch auf formale.

Ein interessantes Licht einerseits auf die praktische Unzulänglichkeit der Bestimmungen über das Interpellationsrecht, anderseits auf die verschiedenen Bestrebungen der an der parlamentarischen Arbeit beteiligten Faktoren werfen drei auf eine Abänderung der G. O. hinzielende Vorschläge, die sich alle drei auch mit den Interpellationen befassen und vom Abg.H., dem H.H. und der Regierung stammen.

Ehe an die Besprechung dieser Vorlagen, denen übrigens es bisher an praktischen Konsequenzen fehlte, herangetreten werden kann, muß ein Blick auf die Übung des Interpellationsrechts im Abg.H. geworfen werden, denn diese Übung, d. h. die A r t derselben, wie sie Regel wurde, bedingte die auf eine Reform bedachten Pläne. Die Interpellationen bewahrten hier aus verschiedenen an dieser Stelle nicht näher zu erörternden Gründen ihren Informations- und Kontrollcharakter nicht, sondern in Epochen parlamentarischer Kämpfe verfolgten sie zum Teil Zwecke, die nicht als „staatliche" bezeichnet werden können; lokale Interessen, das Bedürfnis den dem objektiven Verfahren zum Opfer gefallenen Zeitungsartikeln und Broschüren das Immunitätsprivileg zu verschaffen oder der Drang, die regelmäßige Arbeit zu obstruieren, traten in den Vordergrund. Die große Zahl der Anfragen in manchen Sessionen allein

[1] Die Unterstützung kann auch nach Bekanntgabe des Antrages im Hause auf Grund der vom Präsidenten gestellten Unterstützungsfrage erfolgen — § 18^{E} G.O.

war es nicht, daß ein ungeheurer Perzentsatz davon ohne Antwort blieb, sondern andere Umstände spielten da herein: rasch aufeinander folgende Wechsel der Minister und jene Obstruktionsinterpellationen, die auf gar keine Antwort reflektierten, sondern mit ihrer Einbringung schon ihr Ziel erreichten — nämlich Verzögerung der Geschäftsbehandlung anderer Gegenstände.

Schon lange vor dieser Konfliktszeit hatte ein durch die G.O. nicht begründeter modus procedendi Zeitgewinnung bei der Interpellations-Behandlung angestrebt; nur jene wurden nämlich im Hause wörtlich verlesen, von denen dies ausdrücklich begehrt wurde; zur Regel wurde es, nur den Titel, allenfalls noch die eigentliche Anfrage ohne Begründung, mündlich vorzubringen[1].

Mancher Vorsitzende nahm auch das Recht in Anspruch, die Zensur über den Interpellationsinhalt zu üben, berief sich dabei auf die §§ 6, 57 G.O., und hinderte die Vorlesung der Anfragen so weit, als sie Anstand und Sitte verletzten oder gar den Charakter der Strafwürdigkeit annahmen[2].

Soviel über die Praxis.

Die anfangs angedeuteten Mißstände, die Entartung des Rechtes, brachten es dazu, daß Rufe nach Reformen laut wurden. Um den Rufen nachzukommen, schlug der Geschäftsordnungsausschuß des Abg.H.[3] gerade nicht den glücklichsten Weg ein, da er eine Umbildung der selbständigen G.O. plante, statt des G.O.Gesetzes — nur dieses könnte eine rechtliche Bindung der Regierung bewerkstelligen.

§ 68 G.O. lautet mit den vom Ausschusse angeregten Änderungen[4]:

---

[1] Diesen Vorgang bezeichneten verschiedene Präsidenten — Clumecky, Smolka, Kathrein — als „Usus". S. Regierungsvorlage, S. 23.

[2] Vergl. die Äußerungen des Präsidenten Dr. Smolka in der 142. Sitzung vom 17. Juni 1892; XI. Sess. S. 6502.

[3] Siehe Bericht des Abgh.

[4] Bericht des Abgh., S. 36.

„Interpellationen, welche ein Mitglied an einen Minister oder den Chef einer Zentralstelle richten will, sind dem Präsidenten schriftlich und mit wenigstens 15 Unterschriften versehen zu übergeben, werden dem Interpellierten mitgeteilt, in Druck gelegt und im Hause verteilt. Falls 50 Mitglieder es verlangen, muß die Interpellation im Laufe der Sitzung verlesen werden. Der Interpellierte ist verpflichtet, binnen 6 Wochen Antwort zu geben oder mit Angabe der Gründe die Beantwortung abzulehnen“[1].

In § 69 G. O. sollte nur der letzte Absatz neu redigiert werden und zwar[2]:

„Bei dieser Besprechung kann der einfache oder begründete Antrag, das Haus nehme die Beantwortung der Interpellation zur Kenntnis, oder ein solcher Antrag, das Haus nehme die Beantwortung der Interpellation nicht zur Kenntnis, gestellt werden.“

Von wenig einschneidender Bedeutung ist der Vorschlag, an Stelle der zum Teil auch heute schon nicht mehr geübten „Verlesung der Interpellation“ deren Drucklegung und Verteilung an die Mitglieder einzuführen und eine Verlesung nur auf einen besonderen Antrag hin vorzunehmen. Groß wäre dagegen die politische Tragweite der Einrichtung, die Diskussion mit einem Vertrauens- oder Mißtrauensvotum für den Interpellierten beschließen zu können, es wäre dies gleichbedeutend mit einem Versuch die parlamentarische Regierungsform zu inaugurieren. Die „Äußerungspflicht“ des Ministers besonders zu betonen, scheint infolge § 21 Ges. ü. d. R.V. einerseits überflüssig, anderseits, falls man annimmt, sie sei dort nicht begründet, ist die selbständige G.O. nicht geeignet, sie zu fixieren.

---

[1] Hier, wie im folgenden, ist das neuformulierte durch gesperrten Druck hervorgehoben.

[2] Siehe Bericht des Abgh., S. 36 f.

Während das Abg.H. auf den kräftigenden Ausbau des Interpellationsrechts hinarbeitete und die Besserung der herrschenden Zustände von einer Einkehr aller Abgeordneten in sich erwartete, betrachtete das H.H. in seinem Berichte der Spezialkommission[1] das Interpellationsproblem ausschließlich von der technischen Seite und glaubte scheinbar nicht dem Satze, der in dem Berichte der II. Kammer steht[2]: „Im Übrigen kann, wenn sich nicht die Mitglieder freiwillig zu einer höheren Auffassung des Interpellationsrechts aufschwingen, keine Änderung der Vorschrift wirkliche Besserung schaffen."

Aus der Mitte des H.H. wird folgende Änderung des § 12 G.O.Gesetzes in Vorschlag gebracht[3]: „Interpellationen, welche ein Mitglied an einen Minister oder den Chef einer Zentralstelle richten will, sind dem Präsidenten schriftlich zu übergeben. Sind dieselben im Herrenhause mit wenigstens 10, im Abg.H. mit wenigstens 15 Unterschriften versehen, so werden sie in ein besonderes im Hause aufliegendes Buch eingetragen. In eben dieses Buch erfolgt die Eintragung der Antwort oder der Erklärung, daß der Interpellierte aus bestimmten, von ihm anzugebenden Gründen die Antwort ablehne. Die in das Interpellationsbuch eingetragenen Anfragen und deren Beantwortungen werden in Druck gelegt und dem Sitzungsprotokoll als Beilagen angefügt. Wenn der Interpellierende es verlangt und dieses Verlangen im H.H· von 25, im Abg.H. von 50 Mitgliedern durch deren Unterschrift unterstützt wird, so ist die Interpellation im Hause vorzulesen und erfolgt auch deren Beantwortung bezw. die die Beantwortung aus bestimmten Gründen ablehnende Erklärung in der Sitzung des Hauses. Enthält eine Interpellation nach dem Urteile des Präsidenten entweder eine gröbliche Verletzung des Anstandes oder der Sitte oder eine Äußerung, welche den

[1] Bericht des H.H.
[2] Bericht des Abgh. S. 24.
[3] Bericht des H.H, S. 16.

Charakter der Strafwürdigkeit annimmt, so hat er den betreffenden Teil der Interpellation sowohl von der Eintragung in das Buch und der Drucklegung als von der Verlesung im Hause auszuschließen."

Der hier zur Anregung gebrachte schriftliche Interpellationsprozeß sollte die mündliche Erledigung nicht vollkommen ausschließen, aber der Typus des Verfahrens würde dennoch ein anderer werden und die Kontrolle — auch von Seite der Öffentlichkeit — eine Abschwächung erfahren.

Bisher waren die Parteigegensätze im R.R. so bedeutend, die Gegensätze, zuvörderst in der großen Krisenzeit so schroff, daß die präsidiale Zensur unter Umständen größerer Unordnung statt gesteigerter Regelmäßigkeit Vorschub leisten könnte. Der bisher übliche Usus sah nur von der Verlesung beanstandeter Stellen ab, der neue Vorschlag wollte solche als null und nichtig erklären. Verfehlt ist der etwas verschämte Hinweis des Berichtes[1] auf England, dessen parlamentarische Verhältnisse wegen ihrer vom Kontinente verschiedenen Grundlagen keine kritiklose Nachahmung von Institutionen gestatten.

Noch weiter geht in mancher Beziehung die Regierungsvorlage[2]. Der reformierte § 12 G.O.Gesetz sollte lauten: § 12: „Interpellationen, die ein Mitglied an einen Minister richten will, sind dem Präsidenten schriftlich, und zwar im H.H. mit wenigstens 10 und im Hause der Abg. mit wenigstens 30 Unterschriften versehen, zu übergeben, werden sofort dem Interpellierten mitgeteilt und ohne Verlesung ins stenographische Protokoll aufgenommen. Der Interpellierte kann mündlich oder schriftlich Antwort geben oder mit Angabe der Gründe die Beantwortung ablehnen. Schriftlich erteilte Antworten werden ohne Verlesung sogleich ins stenographische Protokoll aufgenommen."

---

[1] Bericht des H.H., S. 4.
[2] Regierungsvorlage, S. 5.

§ 12a: „Der Präsident ist berechtigt, Interpellationen, sowie sonstige, von Mitgliedern überreichte Schriftstücke zurückzuweisen, wenn sie Stellen enthalten, die strafgesetzwidrigen Inhaltes sind, oder den Anstand oder die Sitte gröblich verletzen.“

Die Mündlichkeit oder Schriftlichkeit der Antworten würde demnach völlig in das Belieben des Interpellierten gestellt, dem Fragesteller und dem ganzen Hause keinerlei Einfluß auf den Modus der ministeriellen Äußerung eingeräumt! Die Beseitigung der „Chefs der Zentralstellen“ als durch Interpellationen kontrollierbare Personen steht im Einklang mit § 21 Ges. ü. d. R.V. und die Hinaufsetzung der Zahl der eine Anfrage unterstützenden Mitglieder von 15 auf 30 wäre nur eine Konsequenz der seit 1867 fortdauernd steigenden Anzahl der Mitglieder des Abgh.

Die Abänderungsvorschläge der Regierung und die aus der Mitte der I. und der II. Kammer des österr. R.R. wurden, obschon sie bisher keine Reform des Interpellationsrechts herbeiführten, hier genau registriert — wobei ihre Besprechung mit Rücksicht auf das im Abschnitte: „Erscheinungsformen des Interpellationsrechts“ gesagte starke Beschränkung erfuhr —, weil sie dem Gedankengang nach, im kommenden auf Grund des allgemeinen Wahlrechts gewählten Abgh. eine große Rolle spielen dürften und überdies klar und deutlich die Tendenzen zeigen, die der Regierung, den konservativ staatlichen und den aggressiv politischen Elementen bei der Behandlung dieses Problems der parlamentarischen Kontrolle innewohnen.

β) Das österreichische H.H.

Der § 21 Ges. ü. d. R.V. und § 12 G.O.Ges. von 1873 geben auch dem H.H. für sein Interpellationsrecht die gesetzlichen Grundlagen, dessen genauere Regelung § 57 der selbständigen G.O. enthält. Dieser unterscheidet sich beinahe nicht von den §§ 68, 69, G.O. des Abgh., nur braucht eine Interpellation von bloß 10 Mitgliedern unterstützt zu werden und der Antrag, eine Debatte anzugliedern, kann nur in derselben Sitzung, da die Äußerung der Regierung erfolgte, eingebracht werden — nicht, wie in der II. Kammer, auch noch in der nächsten Sitzung. Die Reformanträge der Regierung und der Spezialkommission des H.H. tangieren auch dessen Interpellationsrecht, doch ist die ganze politische Stellung des Oberhauses eine solche, daß die Einschränkung dieser Kontrollmittel und seine Umsetzung in ein schriftliches Verfahren weniger in die Wagschale fielen, als dieselbe Änderung es im Abgh. täte.

b) Das Interpellationsrecht der Delegationen.

§ 39, Satz 2f des ungarischen Ges. Art. XII vom 12. Juni 1867[1] besagt allgemein: „Jede Delegation wird das Recht haben, an das gemeinsame Ministerium oder je nach dem Ressort an das betreffende Mitglied desselben Fragen zu richten, und von demselben Antwort und Aufklärung zu verlangen. Eben darum wird das gemeinsame Ministerium das Recht und — wenn es hiezu aufgefordert wird — die Pflicht haben, bei der einen Delegation, sowie bei der andern zu erscheinen, zu antworten oder mündliche oder schriftliche Aufklärungen zu geben, oder, wenn es ohne Nachteil geschehen kann, auch die nötigen Dokumente vorzulegen."

Diese bestimmte Formulierung hat in § 28 Abs. 3 des Ges. vom 21. Dez. 1867 R.G.B. 146 (betreffend die allen Ländern der österreichischen Monarchie gemeinsamen Angelegenheiten und die Art ihrer Behandlung) für die Delegation des österr. R.R. eine Abschwächung erfahren: „Die Delegation hat das Recht, an das gemeinsame Ministerium oder an ein einzelnes Mitglied desselben Fragen zu richten und von demselben Antwort und Aufklärung zu verlangen,

---

[1] Bernatzik, a. a. O., S. 289 ff.

ferner Kommissionen zu ernennen, welchen von Seiten der Ministerien die erforderliche Information zu geben ist."

Erst eine sinngemäße Auslegung des „Anfragerechtes" zeitigt hier dieselben Ergebnisse, die oben zitierter § 39 klar und deutlich auch ausspricht.

Ein G.O.Beschluß der Delegation des österr. R.R. vom 7. Januar 1907 [1] enthält eine Weiterung der authentischen Informationsmöglichkeit der Delegation insofern, als von nun an auch die Mitglieder des österr. Ministerrates den Sitzungen beiwohnen können und von ihnen Antwort und Aufklärungen auf Anfragen gefordert werden dürfen.

Anhang: *α*) Ungarn.

Das Interpellationsrecht des ungarischen R.T. behandelt § 29 Ges. Art. III vom Jahre 1847/48 [2]; er lautet: „Die Minister sind verpflichtet, in jedem Hause des R.T. welches es wünscht, zu erscheinen und die erforderlichen Aufklärungen zu geben."

β) Die Landtage der im R.R. vertretenen Königreiche und Länder.

Der nicht realisierte, nicht einmal zur ersten Lesung gelangte „Kremsierer Entwurf" vom Jahre 1849 [3] enthielt in § 118: „Der Landtag ist berechtigt, von der Regierung Aufschlüsse über alle Zweige der Landesverwaltung zu verlangen, Petitionen an und in Verhandlung zu nehmen, Untersuchungskommissionen anzuordnen . . ."

Die Landesordnungen (Beilagen II a—p zum „Februarpatent") vom 26. Februar 1861 [4] bestimmen in § 37 Satz 2 (bezw. § 36 Satz 2 [5]): „Wenn die Absendung von Mit-

[1] Der Verfasser stützt sich auf die bereits erwähnten Berichte der angegebenen Wiener Zeitungen vom 8. Januar 1907.
[2] Abgedruckt bei Manz, die Staatsgrundgesetze.
[3] S. Bernatzik, a. a. O., S. 85 ff.
[4] Abgedruckt bei Manz, a. a. O.
[5] § 36 [2] der L.O. für die Bukowina, Dalmatien, Salzburg und Vorarlberg.

gliedern der Regierungsbehörden wegen Erteilung von Auskünften und Aufklärungen bei einzelnen Verhandlungen notwendig oder wünschenswert erscheint, hat sich der Landmarschall[1] an die Vorstände der betreffenden Behörden zu wenden".

Daran anknüpfend können die selbständigen Geschäftsordnungen der Landtage die Formalien der Interpellationen regeln[2].

Übersicht über die Interpellationspraxis im österreichischen Abgh. 1861—1907.[3]

Session	Zahl der Interpell.	beantwortet
I.	85	83
II.	22	13
III.	27	14
IV.	68	51
V.	15	8
VI.	26	15
VII.	25	16
VIII.	249	152
IX.	227	120
X.	524	257
XI.	2063	770
XII.	294	7
XIII.	336	4
XIV.	452	96
XV.	749	110
XVI.	1167	125
XVII.	11520[4]	2946 bis Ende 1905

[1] Bezw. Oberstlandmarschall, Landeshauptmann.

[2] Ein förmliches gesetzliches I.R. jedoch mit Ausschluß einer Debatte über die Äußerung des Interpellierten fand Anerkennung für Böhmen (laut Kundmachung der K. K. Statthalterei vom 1. Dez. 1863, L.G.B. 56), Steiermark (Ges. vom 2. Februar 1877, L.G.B. 6) und Istrien (Ges. vom 7. Mai 1877, L.G.B. 8).

[3] S. Regierungsvorlage, a. a. O., S. 30 f.

[4] Letztangeführte Zahl, sowie die Daten bezügl. des H.H. stammen aus dem „Neuen Wiener Tagblatt" vom 28. Januar 1907.

In der XVII. Session (1901—1907) wurden im H.H. vier Interpellationen eingebracht und eine davon beantwortet.

3. Frankreich[1].

Als Bentham auf Betreiben des Grafen Mirabeau aus der Geschäftsordnung des englischen Unterhauses gewisse Prinzipien herausarbeitete, welche von nachhaltigem Einfluß auf das Reglement der französischen Constituante wurden, hatte England selbst noch kein ausgebildetes Interpellationsrecht und Frankreich schuf sich ein solches aus Eigenem[2].

Das Dekret der Constituante vom 21. Juni 1791 bestimmte, daß die Minister der Nationalversammlung Auskunft auf Anfragen zu erteilen hätten und diese machte von ihrer Fragebefugnis ausgiebigen Gebrauch. Darin liegt die Wurzel des ganzen Interpellationsrechtes[3].

---

[1] Diesem Abschnitte sind zugrunde gelegt: Pierre, Traité de droit politique électoral et parlementaire, 1902, S. 783 ff. u. 790 ff; dazu Supplément 1906, S. 335 ff; Esmein, Éléments de droit constitutionnel français et comparé, 3. Aufl., S. 809 ff; Lebon, das Staatsrecht der französischen Republik, 1886, S. 17, 72.

[2] Vergl. über diese G.O. Hatschek, das englische Staatsrecht, 1905, I. S. 426 ff. u. Redlich, Recht u. Technik des englischen Parlamentarismus, 1905, S. 777 ff.

[3] Die Auskunfterteilung der Minister auf Antrieb der Kammern geschieht heute auf dreierlei Weise:

a) auf Grund von Anfragen einzelner Mitglieder im Verlaufe der Budgetdebatte, wobei außer dem Fragesteller sich auch noch andere Mitglieder der Kammer an der Debatte beteiligen können;

b) auf Grund von besonderen „Questions adressées aux ministres", die zu Beginn oder am Ende einer Sitzung gestellt werden können, falls der zu befragende Minister die question vorher genehmigt hat, und wozu nur dem Fragesteller und dem Minister das Wort zukommt. Die „Genehmigung" ist im Art. 80 des Reglements für den Senat ausdrücklich gefordert, in der Deputiertenkammer zwar nicht durch die G.O. wohl aber durch das Herkommen verlangt. Esmein, a. a. O., S. 813 f., der, nebenbei bemerkt, das „Interpellationsrecht" mit dem parlamentarischen Regime in engste Verbindung bringt und es als essentielles Merkmal der Interpellationen, sie durch ein Vertrauens- oder Mißtrauensvotum zu beenden, betrachtet, stellt die Questions der Kammern des französischen Parlamentes den Questions der beiden Häuser des englischen gleich, ohne den tiefen Unterschied zu beobachten, der dadurch zwischen ihnen liegt, daß der Kontrollcharakter der englischen questions durch die Un-

Die Verfassungen zwischen den Jahren 1795 bis 1814 schlossen mit den Vertretern der Exekutive zugleich ihre Interpellation aus den Kammern aus und erst die Charte von 1814 brachte mit dem Zutritt der Minister zu den Sitzungen auch die Möglichkeit wieder, von ihnen mündlich Auskunft zu fordern. Die Geschäftsordnungen regelten bis 1849 das Interpellationsrecht nicht, obschon Interpellationen tatsächlich vorkamen.

Auch die Epoche der Restauration beschränkte die Initiative des Parlamentes und ebenso auch die direkte Übung der Interpellationen, so daß Anfragen über die innere und äußere Politik vor Allem im Anschlusse an Finanzgesetze, Petitionen und dergl. erfolgten. Seit der Julimonarchie, genau: seit dem 5. November 1830 setzten wieder ausgesprochene Interpellationen mit Diskussionen ein und fanden zuweilen ihren Abschluß durch Annahme einer einfachen, seltener einer motivierten Tagesordnung[1].

Dieser Usus weckte manchen Widerstand — und das Reglement ordnete das Interpellationsrecht noch immer nicht. Es wurde allmählich üblich, den Gegenstand und den Tag der Anfrage vorher mitzuteilen, und am 5. März 1834 nahm von diesem Formalismus ausgehend die Deputiertenkammer die Befugnis für sich in Anspruch, über die Zulässigkeit einer Interpellation zu bestimmen und den Tag ihrer Behandlung festzusetzen.

Das Jahr 1848 mit seinen Verfassungsbestimmungen brachte den Interpellationen eine Blütezeit, das Reglement vom 8. Juli 1849 regelte sie[2]. Aber die Konstitution des zweiten Kaiserreiches beseitigte das Interpellationsrecht im Jahre 1852. An seine Stelle trat seit dem Dekret vom

---

abhängigkeit ihrer Einbringung vom Willen des Interpellierten absolut gewahrt ist;

c) endlich als Äußerung auf die eigentlichen Interpellationen, von denen im folgenden allein die Rede sein soll.

[1] „Motivierte Tagesordnung“, wenn die Kammer ihr Vertrauen oder Mißtrauen ausdrücken will, „einfache“ dagegen, wenn dies nicht der Fall.

[2] Art. 79, 80, 81, 82 des Reglements der „Assemblée législative“.

24. November 1860 die „Adresse“ als Antwort auf die Thronrede, und neugeschaffene Minister ohne Portefeuille, die durch das Dekret vom 23. Juni 1863 dem „Ministre d'Etat“ den Platz räumten, vermittelten den direkten Verkehr zwischen der Regierung und den Kammern. Das Dekret vom 19. Januar 1867 ersetzte die Adresse an den Kaiser durch ein allerdings verklausuliertes Interpellationsrecht, das durch Zugeständnisse der in den Grundvesten wankenden Monarchie allmählich erstarkte, um endlich im Gesetze der Republik vom 31. August 1871 sogar ein Fragerecht an den Präsidenten zu erhalten, das jedoch später wieder beseitigt wurde. Die für Frankreich praktischwichtige Scheidung von Interpellationen über Akte der auswärtigen und über solche der inneren Politik vollzog sich durch das Gesetz vom 13. März 1873.

Die Verfassung von 1875 enthält nichts über das droit d'interpellation, das jedoch aus dem Prinzipe der Ministerverantwortlichkeit resultiert und in der Geschäftsordnung normiert ist[2].

Einer besonderen Unterstützung bedürfen die Anfragen nicht; sie werden vom Interpellanten oder dessen Stellvertreter dem Präsidenten überreicht und von diesem der Kammer vorgelegt. Da über den Gegenstand der Interpellation keine näheren Bestimmungen bestehen, so fällt das Zensurrecht des Präsidenten schwer in die Wagschale; er weist konstitutionswidrige Anfragen zurück und läßt beleidigende Stellen und dergleichen nicht zur Verlesung kommen. Was der Verfassung entspricht und was nicht, ist oft eine Frage des Einzelfalles, welche nicht immer im selben Sinne beantwortet wird. Vor Allem wichtig ist, daß die Regierung nur darüber interpelliert werden kann, wofür sie verantwortlich ist. Dem älteren Reglement war es

[1] Art. 1—7.

[2] Règlement de chambre des députés, Art. 40; Règlement du Senat, Art. 81; inhaltlich stimmen in bezug auf das Interpellationsrecht die Geschäftsordnungen der beiden Kammern überein.

fremd, daß Interpellationen über die „innere Politik“ nicht auf länger als einen Monat zurückgestellt werden dürfen; heute ist das Vorschrift; eine Vorschrift, die sich aber nicht auf Anfragen bezüglich der äußeren Politik erstreckt[1]. Interpellationen können auch sofort nach ihrer Einbringung in Behandlung genommen werden, doch geschieht dies nur im Einverständnis mit dem Interpellierten, während sonst die Kammer nicht an den Tag gebunden ist, den dieser vorschlägt, und ihn ohne Debatte festsetzt. Eine Debatte im formellen Sinne, nämlich soweit es sich um die Bestimmung des Termines handelt, ohne auf das Tatsächliche der Anfrage einzugehen, ist dabei nicht ausgeschlossen.

Der Minister kann die Beantwortung einer Interpellation ablehnen.

Die G.O. untersagt es, ein anderes Mitglied des Hauses zu interpellieren, doch wird solches in praxi ausnahmsweise gestattet, wenn es ein Beamter ist und die fragliche Angelegenheit in sein Ressort fällt. Zwei oder mehr Interpellationen können, wenn die Kammer es beschließt, gemeinsam unter gewissen Klauseln zur Behandlung gelangen.

Die Zurückziehbarkeit von Anfragen — übrigens darf der Minister auch solche zurückgezogene beantworten — und die Möglichkeit, daß sie unter Umständen von Anderen wieder aufgenommen werden dürfen, ist deshalb von Bedeutung, weil sie wieder eingebracht ihren Lauf dort beginnen, wo dieser sich befand, als sie fallen gelassen wurden.

Der Sessionsschluß erledigt die Interpellationen nicht eo ipso. Daß die Interpellationsdebatte durch Annahme einer einfachen oder motivierten Tagesordnung abgeschlossen zu werden vermag, wurde bereits erwähnt und ist deshalb von Bedeutung, weil die usuelle politische Empfindlichkeit

[1] Der Bestimmung ist jedoch Genüge getan, wenn die Interpellation vier Wochen von ihrer Einbringung an gerechnet, auf die T.O. gesetzt wird; daß sie dann aus irgendwelchen Gründen nicht zur Verhandlung kommt, wird als rechtlich irrelevant angesehen.

der Regierung sie aus jeder Mißtrauenskundgebung die weitestgehenden Konsequenzen ziehen läßt[1].

Die lange Praxis unter den wechselnden Systemen hat sowohl im Senate wie in der Deputiertenkammer manchen Usus erzeugt; hier griff eine Beschränkung auf die wesentlichsten Prinzipien des Interpellationswesens Platz.

Zu erwähnen bleibt nur noch, daß die zweite Kammer, ohne die Textierung des Art. 40 G. O. einer Revision zu unterziehen, zu verschiedenen Malen (u. A. 1897, 1900, 1901, 1902 . . .) Beschlüsse mit provisorischer Kraft faßte, wonach — für Einzelfälle einen entgegengesetzten Beschluß offen lassend — die Freitagssitzungen für die Diskussion von Interpellationen bestimmt wurden. Diese Zeitbeschränkung macht es faktisch unmöglich, alle Anfragen, bezugnehmend auf die innere Politik innerhalb eines Monates nach ihrer Einbringung zu erledigen.

4. England[2].

Einfache Anfragen im Laufe der Verhandlung und bezugnehmend auf ihren Inhalt gehen im englischen Parlamente weit zurück, aber erst das XIX. Jahrhundert schuf ein eigentliches Recht der Interpellationen — die hier „questions to members" genannt —[3], das aber von der kon-

---

[1] Die übertriebene politische Nervosität der Kabinette läßt sich aus der Institution des parlamentarischen Regimes nur teilweise erklären; vielleicht spielt noch das psychologische Moment aus der Zeit des Nationalkonventes herein, daß jedes ‚j'accuse' aus der Mitte der Versammlung geschleudert den „Verdächtigten" zittern machte.

[2] Th. E. May, Parliamentary Practice, 11. Ed. 1906, S. 210 f; 246 ff; dasselbe 10. Ed. 1893, S. 205 f; 236 ff.; ferner May, das englische Parlament und sein Verfahren, aus der 1859 erschienenen 4. Aufl. des englischen Originals übersetzt und bearbeitet von Oppenheim 1860, S. 268 f; Todd, über die parlamentarische Regierung in England, deutsch von Assmann. II. S. 286 ff; S. Low, The governance of England, 2. Aufl. 1906, S. 91 f; Redlich, Recht und Technik des englischen Parlamentarismus, 1905, S. 144 ff; 234 ff; 301; 513 ff; 523; 570; 572 ff; 596; Hatschek, Englisches Staatsrecht, 1905, I. S. 375 ff., 395 f; II. S. 220.

[3] Formell sind demnach die Interpellationen an die Minister in ihrer Eigenschaft als Mitglieder des Hauses gerichtet.

tinentalen Gestaltung namhaft abweicht und keinen französischen Einschlag aufweist.

Die früheste Aufzeichnung einer formellen Interpellation an einen Minister datiert vom 9. Februar 1721, als Lord Cowper den Premier Earl of Sunderland fragte, ob eine Person, gegen die das Oberhaus ein Strafverfahren einzuleiten gedachte, tatsächlich im Auslande, wie ein Gerücht besagte, verhaftet worden sei. Im Unterhause finden sich Interpellationen zur Zeit des jüngeren Pitt, doch erst zu Beginn der dreißiger Jahre des verflossenen Jahrhunderts begannen sie jenen eigenartigen Charakter anzunehmen, der sie typisch von den einfachen Anfragen unterscheidet; die Parteicourtoisie gewährte ihnen eine besondere Stellung in der Geschäftsbehandlung und seit dem 27. Februar 1835 erscheinen Interpellationen gedruckt im Notice Paper, ein Verfahren, das allmählich konstant wird, wobei sie überdies noch bis zum Beschlusse vom 7. März 1888 im Hause zur Verlesung gelangen. Dennoch ist der Usus ihrer Anerkennung nur langsam gefestigt worden; noch 1859 schreibt May[1]: „Dergleichen Fragen (d. s. Interpellationen) sind aber möglichst auf solche Gegenstände zu beschränken, welche zu den Parlamentsgeschäften in unmittelbarer Beziehung stehen . . .“

Nachhaltigen Einfluß auf die Institution nahm eine Bestimmung des Jahres 1861, da die T. O. zu Gunsten der Regierung insofern gebunden wurde, daß diese ein Anordnungsrecht der Beratungsgegenstände an gewissen Tagen — den „Order-Days“ — zugestanden erhielt. Durch diesen Einflußzuwachs des Kabinetts gewannen die Interpellationen als Kontrollmittel für das Parlament an Wert und allmählich, nicht ohne Widerspruch, erstarkte die Institution. Gleichwohl bestand seit je das Verbot, anschließend an sie eine Debatte über die Antwort zu führen; dieses wurde zeitweise durch einen Antrag auf Vertagung

---

[1] May-Oppenheim, a. a. O.

des Hauses zum Zweck der Diskussion zu umgehen gesucht, ein Vorgang, der schließlich keine Duldung mehr fand. Die Interpellationen selbst, als parlamentarisches Informations- und Kontrollmittel, waren aber durch Geschäftsordnungsvorschriften anerkannt und geregelt und die Sitte ergänzte nur mehr die Bestimmungen für die Praxis.

Die geltende Gestalt des Interpellationswesens setzt sich aus Beschlüssen des Unterhauses vom 7. März 1888[1], 29. April 1902[2] und 3. April 1906[3] zusammen und ist mit Berücksichtigung des Usus folgende: Der Interpellant überreicht die an den Ressortminister gerichtete und schriftlich formulierte Anfrage dem Clerk des Hauses und sie wird im Notice Paper der betreffenden Sitzung, für die sie bestimmt ist, abgedruckt. Die Interpellation hat den Namen des Fragenden zu enthalten, ferner die Angabe des Tages, an dem er die Antwort wünscht — soll diese eine mündliche sein, so ist dies durch ein „Sternchen" anzudeuten, doch steht dem Minister, falls er die Angelegenheit für wichtig hält, auch sonst der Weg einer mündlichen Erledigung frei. Der Clerk prüft, ob die Anfrage jenen Anforderungen entspricht, welche an sie gestellt werden. Der Konvenienz nach soll sie nur jene Dinge enthalten, die zu ihrem Verständnisse unbedingt notwendig sind; für die Korrektheit der in ihr enthaltenen Behauptungen ist der Interpellant verantwortlich; sie darf keine Argumente, Folgerungen, Epitheta, ironische Satzwendungen in sich schließen und nicht auf Debatten, die in der laufenden Session stattgefunden, oder auf einen späteren Punkt der T.O., noch auf Vorgänge in einem Komitee, das seinen Bericht dem Hause noch nicht vorlegte, bezugnehmen. Auch sind Questions

---

[1] Standing Order XX, abgedruckt bei May, a. a. O., 10. Ed. S. 826 f.

[2] Neue St.O. IX, abgedruckt bei Redlich, a. a. O., S. 809 f; über den nicht realisierten Entwurf Balfours vom Jahre 1902, der auf Widerstand stieß, siehe ebenda, S. 234 ff. u. 839.

[3] In Kraft stehende St.O. IX mit ihrer Umgestaltung vom 3. April 1906, abgedruckt bei May, a. a. O., 11. Ed. S. 919 f.

bezüglich abstrakter Rechtsfragen, sowie solche, die möglicherweise eintretende Eventualitäten ins Auge fassen, unzulässig.

Persönliche Ausfälle sind zu vermeiden.

Interpellationen dürfen nicht als Vorwand für eine Debatte dienen und, ist eine Frage einmal genügend beantwortet, dann ist ihre wiederholte Stellung ausgeschlossen, doch kann eine erteilte Antwort zum Gegenstand weiterer der Aufklärung einzelner Punkte dienenden Anfragen genommen werden.

Finden sich in einer Interpellation Unzulässigkeiten, so hat der Clerk den Interpellanten darauf aufmerksam zu machen, jedoch das eigentliche Zensurrecht steht nur dem Speaker selbst zu, in dessen Macht es auch liegt, die Verlesung einzelner Fragen im Hause zu gestatten. Ebenso scheidet der Sprecher Interpellationen aus, welche die Krone oder deren Einfluß auf irgend eine Regierungsmaßregel in Frage stellen, auch kürzt er unter Umständen, wie es besonders 1887 anläßlich der irischen Obstruktionsinterpellationen geschah, langathmige oder sich häufende Questions. Die Zeit zur Stellung von Interpellationen ist erstens auf Montag, Dienstag, Mittwoch und Donnerstag beschränkt und zweitens hier wiederum auf 45 Minuten, nämlich auf die Frist von $3.^{00}$ h. bis $3.^{45}$ h.

Wenn auf eine mündliche Antwort reflektiert wird, so muß die Interpellation — durch das „Sternchen“ gekennzeichnet — auf die T.O. spätestens des Tages gesetzt werden, der dem Tag vorangeht, an dem die Erledigung gewünscht ist.

Zur üblichen bereits erwähnten Zeit — der „Question time“ — ruft der Sprecher jene Interpellanten, die eine mündliche Antwort verlangten, der Reihe nach auf, sie oder ihre Stellvertreter melden sich und stellen durch die Angabe der Zahl, die ihre Frage im Notice Paper erhalten hat, die Interpellation an den Minister. Solche „Stellvertreter“ sind zulässig, soweit es sich nicht um persönliche Beschwerden gegen den Interpellierten handelt.

Interpelliert können werden: Minister (bezüglich jener Angelegenheiten, die in ihr Ressort fallen), Exminister, Mitglieder des Hauses, welche der Regierung sonstwie angehören, jedoch nur, wenn der Kabinettschef nicht anwesend ist, ferner der Speaker, der Leader der Opposition und solche Mitglieder, die mit einer Bill zu tun haben, Anträge anmeldeten oder sonst an einem Geschäfte des Hauses beteiligt sind; der Sprecher, der Leiter der Opposition und die letztgenannte Kategorie nur betreffs der Geschäftsbehandlung oder einzelner in ihre Tätigkeit einschlagender Geschäftsstücke, was übrigens relativ selten vorkommt.

Sonst gelten als Interpellationsgegenstände alle Vorgänge der inneren und äußeren Politik, der Landes-, Reichs- und Kolonial-Verwaltung; man frägt auch die Regierung über ihre Absichten in einem konkreten Fall und von ihr selbst werden selbstverständlich im Bedarfsfalle Interpellationen inauguriert.

Nicht einmal die Parteisitte erfordert es, daß der interpellierte Minister eine Antwort zu erteilen habe; es steht ihm immer zu, eine solche mit Berufung auf das öffentliche Interesse abzulehnen. Das Bestehen eines Mitgliedes auf Beantwortung gilt als geschäftsordnungswidrig, doch ist es möglich eine unerledigt gebliebene Angelegenheit in Form eines Antrages vor das Haus zu bringen. Eine von einem Minister zurückgewiesene Interpellation darf nicht an einen anderen neuerdings gestellt werden.

Der Minister, der sich in seiner Äußerung kurz und bündig fassen soll, kann im Notice Paper enthaltene Interpellationen auch dann beantworten, wenn sich weder der Interpellant noch ein Stellvertreter zur Ausübung des Rechtes meldeten, auch darf er sich durch einen anderen Minister vertreten lassen. Wurden bei der Beantwortung Schriftstücke verlesen und sind diese öffentliche Dokumente, so müssen sie, wenn es ohne Gefährdung öffentlicher Interessen angängig ist, auf den Tisch des Hauses niedergelegt werden.

Eine Beantwortung von Questions nach Ablauf der question time, erscheint nur dann zulässig, wenn ihre Erledigung in Folge der Abwesenheit des Ministers unterblieb oder wenn es sich um Fragen handelt, die nicht im Notice Paper erschienen, aber einen dringlichen für die Öffentlichkeit wichtigen Charakter tragen, oder die Feststellung der künftigen Tagesordnung betreffen. Seit 1902 wird die mündliche Antwort — maßgebend wirkt das Bedürfnis nach Zeitersparnis — mehr und mehr durch die schriftliche Erledigung der Interpellationen ersetzt und zwar regelmäßig 1) wenn der Interpellant nicht auf „Mündlichkeit" besteht, 2) wenn weder das interpellierende Mitglied noch dessen Stellvertreter beim Namensaufruf im Beratungssaale anwesend ist und der Minister sich nicht aus Eigenem zu einer verbalen Antwort entschließt, 3) nach Ablauf der Interpellationszeit, falls bis dahin eine Interpellation nicht erledigt werden konnte und der Interpellant auch nicht das Begehren aussprach, die Frage zurückzustellen. Eine schriftliche Antwort wird in Druck gelegt und am nächsten Tag mit den Notes und Proceedings (Verhandlungsberichten) publiziert.

Wie schon erwähnt, ist eine Debatte anläßlich der Anfragen ausgeschlossen; im englischen Unterhause der Gegenwart gibt es keine Möglichkeit für ein von der Antwort des Ministers unbefriedigtes Mitglied, eine solche zu provozieren; das Äußerste ist, daß es beschränkte „Supplementary questions" zur Aufklärung einzelner Punkte in der Beantwortung stellt und dies darf nicht in ein „Kreuzverhör" ausarten.

Im Oberhause ist die Interpellation vorher bekannt zu geben und auf die gedruckte T.O. zu stellen; die Formvorschriften werden hier nicht sehr streng beachtet und es ist die Möglichkeit gegeben, eine unformale Debatte zu führen.

Folgende Übersicht[1] über die Praxis der Interpellationen an die Regierung zeigt von dem erstaunlichen Anwachsen der Anfragen im Unterhause:

1800 gab es	—	Interpellationen
1847 " "	129	"
1848 " "	222	"
1850 " "	212	"
1860 " "	699	"
1870 " "	1203	"
1880 " "	1546	"
1885 " "	3354	"
1890 " "	4407	"
1894 " "	3567	"
1897 " "	4824	"
1899 " "	4521	"
1900 " "	5106	"
1901 " "	6448	"
1902 bis 5. Mai	2917	"
von da ab nach Änderung der standing order gab es mündl. beantwortete	2415	"
schriftl. beantwortete	1836	"
Summa	7168	"
1903 mündlich beantwortet	2554	"
schriftlich "	1992	"
Summa	4546	"

5. Das Interpellationsrecht anderer Staaten.

Aus den Ausführungen über das Interpellationsrecht der wichtigsten West- und Zentralstaaten Europas und den kurzen Erörterungen der Materie für die Deutschen Bundesstaaten und die österreichischen Provinzen kann man ersehen, wie überall sein Kern in einer gesetzlich ausdrücklich ausgesprochenen oder aus der Kompetenz eines parlamentarischen Kollegiums indirekt hervorgehenden Fragebefugnis

[1] Siehe Redlich, a. a. O., S. 235, Anm. 2 u. 516.

besteht, welche an Aufgaben der Minister oder ihrer Untergebenen anknüpft, gewissen Formalismen unterworfen ist, nicht auf den augenblicklichen Verhandlungsgegenstand beschränkt bleiben muß und mit einer Äußerungspflicht des Interpellierten korrespondiert. Daneben zeigt das Interpellationsrecht in den einzelnen Parlamenten und Kammern eine individuelle Ausgestaltung, die durch die verschiedenartige, wechselvolle Verbindung jener Einrichtungen, die im Abschnitt „Erscheinungsformen des Interpellationsrechts" besprochen wurden, zustande kommt.

Ganz derselbe Typus: Gleichartigkeit des Grundcharakters, des Prinzips, und individueller Ausbau im Speziellen — eine Folge konformer Bedürfnisse, rechtlicher und politischer Nachahmung, angepaßt an die Eigenart der einzelnen konstitutionell-parlamentarischen Organisationsformen — ganz derselbe Typus ist auch in den verschiedenen anderen Staaten, die ein modernes Parlament haben, zu beobachten.

Wenn die Union dabei eine Ausnahme macht, so ist das darauf zurückzuführen, daß sie streng konservativ an dem System der „Gewaltentrennung" festhält, das einen offiziellen mündlichen Verkehr zwischen Legislative und Exekutive in den Vereinigten Staaten von Nordamerika ausschließt. Der „Kongreß" ohne Interpellationsrecht ist eine exzeptionelle Erscheinung unter den parlamentarischen Kollegien.

Die markantesten Organisationsformen, die sich um die Interpellationen in den Parlamenten am Kontinent weben, fanden bereits im allgemeinen Teile an den entsprechenden Stellen Erwähnung; schon ein oberflächlicher Vergleich der geltenden Normen und Gewohnheiten scheint zu dem Urteile zu berechtigen, daß es dem Interpellationsrecht in den germanischen, besonders in den angelsächsischen Staatswesen nicht bestimmt ist, eine so bedeutende Rolle zu spielen, wie in den romanischen, vor Allem in Frankreich.

Nur von dem Interpellationsrecht eines der jüngsten

konstitutionellen Staaten — nämlich Rußlands — soll noch die Rede sein[1].

Als Japan mit der Verfassungsurkunde am 11. Februar 1889 auch das Gesetz betreffend den R.T. verkündet wurde, enthielten die §§ 48, 49 dieses Gesetzes die Formulierung des Interpellationsrechts, das dem des preußischen Abg.H. nachgebildet ist[2]. Nicht so einfach rezipierend ging Rußland im Jahre 1906 zu Werke. Dieses verband Einrichtungen verschiedener westeuropäischer Staaten und krönte sie durch einen Schlußstein, der spezifisch den russischen Verhältnissen entsprechen mag, aber ein absolutistischer Block im konstitutionellen Interpellationsrecht ist, das hier übrigens nicht mit einer staatsrechtlichen Ministerverantwortlichkeit Hand in Hand geht.

Es ist bei den verwirrten politischen Verhältnissen im russischen Reiche noch nicht klar, ob und wie die Praxis auf den Buchstaben und die Auffassung der Bestimmungen korrigierend einwirken, wie die tatsächliche Übung das Interpellationsrecht gestalten wird.

Der A.H.Ukas vom 20. Februar 1906 (russischen Datums) über die Reichsduma[3] sagt in den §§ 58, 59: eine von 30 Mitgliedern der Duma unterzeichnete Interpellation ist dem Präsidenten schriftlich zu übergeben und dieser legt sie dem Hause zur Beratung vor; sie kann eine Anfrage enthalten, die Aufklärung und Auskunft über solche Akte der Minister, der Chefs von Zentralstellen oder der ihnen unterstellten Personen und Ämter fordert, welche

---

[1] Rußlands Zuschreiten auf eine Konstitution fand Nachahmung in Persien und Montenegro; die Verfassung beider Staaten, soweit Tagesblätter darüber berichten, regeln auch das Interpellationsrecht, das in Persien sogar zu einem Verfassungskonflikt zwischen Parlament und Regierung Anlaß gegeben haben soll.

[2] Vergl. Reklam Nr. 3796, „die japanische Verfassungsurkunde", S. 25.

[3] Abgedruckt in dem Werke „die gesetzlichen Akte der Übergangsepoche 1904/1906", Petersburg 1906. Die hier zugrunde gelegten gesetzlichen Bestimmungen wurden mir liebenswürdig von Dr. Markels aus dem Russischen übersetzt. Vergl. auch Pierre, Supplément, S. 331; 335, der den Ukas vom 19. August 1905 datiert.

nicht gesetzmäßig scheinen. Stimmt die Mehrheit der Duma der Interpellation zu, dann wird sie dem betr. Minister bezw. dem Chef der Zentralstelle mitgeteilt und diese müssen innerhalb eines Monats entweder die nötigen Aufklärungen und Auskünfte erteilen, oder die Gründe angeben, warum sie eine materielle Antwort verweigern.

Doppelt hat sich die Regierung gegen Interpellationen gewappnet: 1) sind sie an die Zustimmung der Dumamehrheit gebunden und die Minderheit ist so dem „guten Willen“ der Majorität ausgeliefert; 2) sollen nur Akte, die nicht gesetzmäßig scheinen, Gegenstand der Anfrage sein.

Aber entschieden die eigentümlichste Einrichtung blieb dem § 60 vorbehalten: falls sich nämlich die Reichsduma mit den Auskünften und Aufklärungen der Interpellierten nicht zufrieden gibt und dies durch einen mit Zweidrittel-Mehrheit gefaßten Beschluß deklariert, so wird die Angelegenheit durch den Vorsitzenden des Staatsrates zur A.H.Entscheidung gebracht.

Dieser Passus muß in praxi entweder ein „Begraben“ der ungenügenden Interpellationserledigung zur Folge haben, oder, falls die Krone sich der Angelegenheit annimmt, wird der Monarch leicht in den politischen Kampf gezogen. Keineswegs scheint die Formulierung politisch klug oder glücklich.

Allgemein sind die Bestimmungen über das Interpellationsrecht in § 66, Kap. IV der Staatsgrundgesetze vom 24. April 1906 (russischen Datums) gehalten [1]. Sie regeln die Materie auch für den Staatsrat. Soweit sie hier niedergelegt sind, können sie nur auf Initiative des Zaren abgeändert werden, da bezüglich Verfassungsgesetzen nur ihm die Initiative zusteht.

[1] Abgedruckt (russisch) in der Sammlung der Gesetze und Verordnungen der Regierung; herausgegeben vom Regierungssenat.

FSC
www.fsc.org
MIX
Papier | Fördert gute Waldnutzung
FSC® C083411

Kolibri 360 GmbH
Ferdinand-Jühlke-Straße 7
99095 Erfurt, Deutschland
produktsicherheit@kolibri360.de

Druck:
CPI Druckdienstleistungen GmbH
im Auftrag der
Kolibri 360 GmbH
Ferdinand-Jühlke-Str. 7
99095 Erfurt